Instituições
e organização do Estado

O selo DIALÓGICA da Editora InterSaberes faz referência às publicações que privilegiam uma linguagem na qual o autor dialoga com o leitor por meio de recursos textuais e visuais, o que torna o conteúdo muito mais dinâmico. São livros que criam um ambiente de interação com o leitor – seu universo cultural, social e de elaboração de conhecimentos –, possibilitando um real processo de interlocução para que a comunicação se efetive.

Instituições
e organização do Estado

Marcos da Cunha e Souza

EDITORA intersaberes

Rua Clara Vendramin, 58 . Mossunguê . CEP 81200-170 . Curitiba . PR . Brasil
Fone: (41) 2106-4170 . www.intersaberes.com . editora@editoraintersaberes.com.br

Conselho editorial
Dr. Ivo José Both (presidente)
Dr.ª Elena Godoy
Dr. Nelson Luís Dias
Dr. Neri dos Santos
Dr. Ulf Gregor Baranow
Editora-chefe
Lindsay Azambuja
Supervisora editorial
Ariadne Nunes Wenger
Analista editorial
Ariel Martins
Preparação de originais
Gilberto Girardello Filho

Edição de texto
Emilson Richard Werner
Viviane Fernanda Voltolini
Fabia Mariela De Biasi
Capa
Iná Trigo
Projeto gráfico
Bruno de Oliveira
Diagramação
Maiane Gabriele de Araujo
Equipe de design
Luana Machado Amaro
Laís Galvão
Iconografia
Palavra Arteira

Dados Internacionais de Catalogação na Publicação (CIP)
(Câmara Brasileira do Livro, SP, Brasil)

> Souza, Marcos da Cunha e
>   Instituições e organização do Estado/Marcos da Cunha e Souza.
> Curitiba: InterSaberes, 2018.
>   Bibliografia.
>   ISBN 978-85-5972-680-0
>
> 1. Ciência política 2. Direito empresarial 3. Economia institucional
> 4. Instituições 5. O Estado 6. Poderes do Estado 7. Sociedade I. Título.
>
> 18-13148   CDU-34:338

Índices para catálogo sistemático:
1. Instituição e Estado: Direito empresarial 34:338

1ª edição, 2018.

Foi feito o depósito legal.

Informamos que é de inteira responsabilidade do autor a emissão de conceitos.

Nenhuma parte desta publicação poderá ser reproduzida por qualquer meio ou forma sem a prévia autorização da Editora InterSaberes.

A violação dos direitos autorais é crime estabelecido na Lei n. 9.610/1998 e punido pelo art. 184 do Código Penal.

Sumário

13 *Apresentação*

17 *Como aproveitar ao máximo este livro*

Capítulo 1
21 **Instituições: conceito e evolução histórica**

(1.1)
23 Alguns conceitos de *instituição*

(1.2)
34 Instituições na Antiguidade

(1.3)
39 Instituições na Idade Média

(1.4)
43 Instituições na Idade Moderna e Idade Contemporânea: a economia da sociedade de mercado

(1.5)
52 A influência das instituições no desenvolvimento brasileiro

Capítulo 2
59 O Estado e a sociedade

(2.1)
61 A sociedade

(2.2)
63 O conceito de Estado moderno

(2.3)
68 Justificando o Estado na teoria política moderna

(2.4)
79 A natureza do Estado moderno

(2.5)
83 A estrutura do Estado moderno

Capítulo 3
97 O empreendedor e o Estado

(3.1)
99 Pensamento liberal: origens e valores

(3.2)
110 O Estado liberal

(3.3)
114 A experiência marxista

(3.4)
119 O keynesianismo

(3.5)
122 Estado de bem-estar social

(3.6)
125 O neoliberalismo e as instituições do Estado

Capítulo 4
133 **Visão institucional do direito empresarial**

(4.1)
136 A empresa como instituição

(4.2)
141 A sociedade empresária

(4.3)
152 A regulação do mercado de capitais

(4.4)
155 O Estado e as agências reguladoras

(4.5)
159 O Estado e a defesa da livre concorrência

Capítulo 5
169 **Estado, tecnologia e desenvolvimento econômico**

(5.1)
172 Tecnologia e mercado

(5.2)
179 Expansão do sistema de patentes

(5.3)
181 A tecnologia e o Estado brasileiro

(5.4)
186 A regulamentação das patentes

(5.5)
190 O *e-business* e a sua regulamentação pelo Estado

Capítulo 6
199 **Estado, desenvolvimento econômico e meio ambiente**

(6.1)
202 As instituições de regulação ambiental

(6.2)
213 O direito fundamental ao meio ambiente

(6.3)
215 Responsabilidade civil das empresas

(6.4)
218 Questões práticas de interesse do empreendedor

227 *Para concluir...*
229 *Referências*
243 *Respostas*
249 *Sobre o autor*

Feliz quem, como Ulisses, fez uma bela viagem,
Ou como aquele que conquistou o tosão de ouro,
E depois retorna, cheio de experiência e sabedoria,
Para viver entre os seus, pelo resto de seus dias.
Joachim du Bellay (1522-1560)

Às minhas filhas, Mariana, Carolina e Isabella.
Que permaneçam unidas!

Aos professores Paulo César Souza e Vanessa Kotovicz Rolon, por todo o apoio que sempre me deram.

Apresentação

Existem outros livros que abordam os temas *instituições* e *organização do Estado*. Qual seria, então, a justificativa para escrevermos mais um? A resposta está no enfoque com que pretendemos tratar o assunto. Embora aborde temas jurídicos, econômicos, históricos e sociológicos, esta obra objetiva principalmente influenciar os empreendedores e os administradores. Essa é uma advertência importante para você compreender o conteúdo dos seis capítulos que a compõem.

O estudo da administração de empresas traz ao debate temas muito específicos, voltados, em grande parte, à arte de empreender, como a gestão estratégica, a análise de vantagens competitivas e os métodos para racionalizar e otimizar a utilização do capital ou a gestão de custos. Alguns homens e mulheres refletiram sobre esses temas e transformaram em ciência algo que, antes dessa reflexão, era pura intuição. Ainda assim, a administração não é uma ilha, se relaciona com muitas outras áreas do conhecimento que influenciam de maneira decisiva a vida do empreendedor, como o direito, a ciência política e a economia.

A presente obra tem como fios condutores dois conceitos-chave: instituição e Estado. As instituições tratadas aqui, como veremos, não são aquelas cujas definições normalmente encontramos em dicionários, são sistemas duradouros e sedimentados de regras sociais que impactam as relações humanas, o consumo, os contratos e vários outros aspectos fundamentais para a vida de um empreendedor. Desse modo, o conceito de *instituições* e sua aplicação prática serão temas do Capítulo 1. No entanto, as instituições voltarão a ser mencionadas ao longo de todo o livro.

No Capítulo 2, abordaremos os conceitos de *Estado* e *sociedade*. O motivo é bastante compreensível, pois o administrador atua dentro dessas estruturas e é bastante influenciado por elas. Na estrutura do Estado, surgem as normas que regem as empresas, assim como as decisões econômicas e políticas que o mercado enfrenta todos os dias; por seu lado, a sociedade é o ambiente cotidiano do empreendedor, a quem ele deve servir e de quem ele tira o seu sustento diário.

Os temas apresentados no Capítulo 2 serão aprofundados no Capítulo 3, no qual o pensamento econômico encontra eco na ideologia do Estado, ajudando a modificar sua natureza. Assim como teremos visto sobre as instituições, o Estado é mutável e influenciável. A experiência nos mostra a existência de Estados totalitários, teocráticos, liberais, socialistas, neoliberais etc.

Como esta obra se direciona, especialmente, às ações do administrador, no Capítulo 4 tomaremos como base os assuntos tratados nos capítulos anteriores para analisar a visão da empresa como instituição, examinando como o Estado regulamenta a sua existência, o seu funcionamento e suas estruturas obrigatórias de gestão.

Em seguida, no Capítulo 5, nosso foco residirá na relação do Estado com o desenvolvimento tecnológico e econômico. A tecnologia é, atualmente, um fator que não pode ser ignorado pelos empreendedores, pois afeta a produção, a distribuição, o *marketing*, entre outros vários aspectos, sendo, além disso, extremamente influenciada pela legislação e pelas estratégias adotadas em diferentes países.

Por fim, no Capítulo 6, abordaremos o Estado, o desenvolvimento econômico e o meio ambiente, porque a legislação ambiental atual afeta até mesmo as pequenas empresas. Mesmo que isso não ocorresse, os consumidores de hoje esperam que as empresas tenham condutas compatíveis com a ideia do desenvolvimento sustentável, a qual, por sinal, pode ser qualificada como uma instituição contemporânea.

Nesta obra, mencionamos muitos fatos históricos e datas, porém você não deve se preocupar com esses destaques, pois quase todos serão meramente exemplificativos. Servirão, em primeiro lugar, para que nosso estudo não se torne abstrato, tedioso. Ademais, ajudarão a demonstrar as origens de certos conceitos ou suas consequências concretas. O foco principal deste material são os conceitos, as correntes de pensamento e sua aplicação prática nos dias atuais.

Além disso, procuramos indicar uma extensa bibliografia, cuja consulta recomendamos. Por meio dela, você perceberá que recorremos a livros das mais diferentes correntes políticas, do marxismo ao neoliberalismo. Também sugerimos obras da literatura universal e cinematográficas que ilustram, sempre com alguma liberdade poética, temas de relevância para a caminhada dos administradores de empresas.

Como aproveitar ao máximo este livro

Este livro traz alguns recursos que visam enriquecer o seu aprendizado, facilitar a compreensão dos conteúdos e tornar a leitura mais dinâmica. São ferramentas projetadas de acordo com a natureza dos temas que vamos examinar. Veja a seguir como esses recursos se encontram distribuídos no decorrer desta obra.

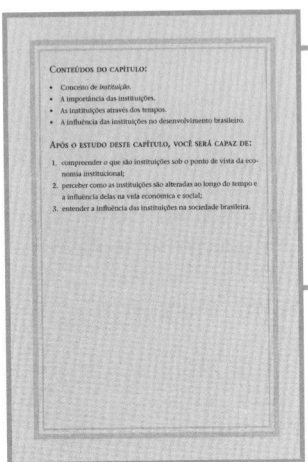

Conteúdos do capítulo:

Logo na abertura do capítulo, você fica conhecendo os conteúdos que nele serão abordados.

Após o estudo deste capítulo,
você será capaz de:

Você também é informado a respeito das competências que irá desenvolver e dos conhecimentos que irá adquirir com o estudo do capítulo.

Síntese

Você dispõe, ao final do capítulo, de uma síntese que traz os principais conceitos abordados.

Questões para revisão

Com estas atividades, você tem a possibilidade de rever os principais conceitos analisados. Ao final do livro, os autores disponibilizam as respostas às questões, a fim de que você possa verificar como está sua aprendizagem.

Questões para reflexão

Nesta seção, a proposta é levá-lo a refletir criticamente sobre alguns assuntos e a trocar ideias e experiências com seus pares.

Para saber mais

Você pode consultar as obras indicadas nesta seção para aprofundar sua aprendizagem.

Estudo de caso

Esta seção traz ao seu conhecimento situações que vão aproximar os conteúdos estudados de sua prática profissional.

Capítulo 1
Instituições: conceito
e evolução histórica

Conteúdos do capítulo:

- Conceito de *instituição*.
- A importância das instituições.
- As instituições através dos tempos.
- A influência das instituições no desenvolvimento brasileiro.

Após o estudo deste capítulo, você será capaz de:

1. compreender o que são instituições sob o ponto de vista da economia institucional;
2. perceber como as instituições são alteradas ao longo do tempo e a influência delas na vida econômica e social;
3. entender a influência das instituições na sociedade brasileira.

Em um dia normal, realizamos uma série de ações que nos parecem muito naturais. Apenas como exemplo: na hora do almoço, você e seus amigos **votam** para decidir onde comerão. Ao tomar o elevador, você cede o seu lugar para a entrada de uma pessoa idosa. Ao chegar ao *buffet* escolhido pelo grupo, você instintivamente entra na fila. Depois, na saída, paga com **dinheiro** em troca da refeição que recebeu. Essas ações estão relacionadas a convenções sociais reconhecidas no Brasil. São regras e comportamentos que aprendemos desde crianças e que nos parecem naturais, porém não são obrigatórios em todas as sociedades. Pelo menos duas dessas convenções têm intensidade ainda maior em nossa vida social: a tendência a seguir a vontade da maioria e o curso forçado do dinheiro nas transações comerciais.

Tais convenções sociais são singelos exemplos daquilo que muitos economistas chamam de *instituições*. Neste capítulo, trataremos dessas instituições e do papel crucial que têm em nossas vidas e na vida das organizações em geral.

(1.1)
Alguns conceitos de *instituição*

Sabemos que o Brasil tem cerca de 30 partidos políticos, com os mais diversos projetos. Alguns deles defendem a intervenção do Estado na economia, outros acreditam mais no poder da livre iniciativa. Há os que pleiteiam a defesa e o aprofundamento das leis trabalhistas, enquanto outros advogam sua completa extinção. Para equilibrar as contas públicas, há quem advogue uma ampla reforma da legislação previdenciária, dificultando o acesso a alguns benefícios. No entanto, em todos os programas partidários, levanta-se sempre a bandeira dos valores democráticos. Mesmo os políticos mais heterodoxos dizem defender a democracia – é um valor permanente no pensamento de todos nós – cada vez que o país se vê obrigado a enfrentar uma crise política. Seja qual for a solução, ela deve permanecer sendo democrática.

Como valor socialmente aceito, a democracia não afeta apenas o sistema político. Ela é relevante, até mesmo, quando amigos resolvem decidir em qual restaurante jantar à noite. As pessoas a exercitam ao escolher o síndico do prédio, o representante de turma e a chapa que gerirá um sindicato. Tal é a influência da democracia em nossas vidas que somos forçados a admitir que a democracia é uma **instituição** da sociedade brasileira (mais adiante, veremos que ela é um feixe de instituições). Nossa existência sofre influência de certo número de instituições, as quais, de uma forma ou de outra, impactam igualmente sobre as atividades do empreendedor.

O termo *instituição* pode gerar confusão, dado que existem vários significados para ele no nosso idioma. Por exemplo, usamos a expressão *instituição de ensino* quando nos referimos a uma universidade ou a um colégio. É também frequente usarmos a palavra *instituição* para designar uma sociedade empresarial, um hospital ou um órgão público. Neste livro, entretanto, adotamos como definição de *instituição* um significado próprio, mais próximo do significado da palavra latina que a originou (*institutio, institutionis*, do verbo *instituere*). O vocábulo era usado, em latim antigo, com o sentido de "fixar, estabelecer, dispor, formar" e, até mesmo, "construir". Desse significado inicial, evoluiu para o de "conjunto de regras" (Silva, 1991, p. 486), até chegar ao sentido mais atual, que tentaremos definir nos próximos parágrafos.

Não devemos avançar neste estudo sem mencionar o economista Thorstein Veblen (1857-1929), que, insatisfeito com as teorias econômicas de seu tempo, direcionou seus estudos para o ser humano. Ele tentou compreender os padrões comuns de comportamento e como eles eram moldados pelo ambiente, influenciando instintos e, finalmente, desenvolvendo padrões culturais. Veblen percebeu que, mesmo os instintos inatos, quando desenvolvidos sob diferentes circunstâncias, geravam padrões próprios que poderiam se transformar no modelo de comportamento de dada sociedade, exemplificados pelo casamento monogâmico ou poligâmico, pelo patriarcado ou matriarcado, pela propriedade privada ou terras comunais etc.

Veblen acreditava que "o comportamento do homem mostrava uma tendência definida que se tornou um padrão aceito para todo o grupo e se transformou, com o tempo, no que ele chamou de uma instituição" (Bell, 1976, p. 471). Essa conclusão, caso fosse aceita, poderia ter inúmeros reflexos no estudo da economia, da antropologia, da publicidade, do *marketing* etc.

Embora Veblen tenha escrito bastante sobre esse assunto, não se preocupou em conceituar as instituições com muita precisão. Do exame da sua obra é possível verificar que ele as via como "um aglomerado de hábitos e costumes, maneiras de fazer as coisas e modos de pensar sobre as coisas, tudo sancionado pela prática prolongada e pela aprovação da comunidade" (Bell, 1976, p. 471).

Embora a natureza humana seja a base, os ambientes variam, assim como alguns hábitos extremamente sedimentados de pensar e agir. Dessa forma, certa sociedade pode desenvolver um padrão de justiça baseado no instituto da vingança privada, da mesma maneira que outra sociedade pode, eventualmente, entregar ao Estado o dever de pacificar os conflitos.

Segundo Douglass C. North (1994, p. 359, tradução nossa): "As instituições formam a estrutura de incentivo de uma sociedade e as instituições políticas e econômicas, em consequência, são as bases determinantes da performance econômica". As diferentes sociedades evoluíram por caminhos próprios, em função de suas instituições e de seus mitos, com reflexos sobre os modelos econômicos, o sistema político e o grau de desenvolvimento. Isso explica, por exemplo, por que o capitalismo surgiu na Europa ou por que as sociedades politeístas eram mais tolerantes do ponto de vista religioso. Por outro lado, instituições ruins podem surgir durante a evolução de uma sociedade, levando-as a becos sem saída difíceis de serem vencidos. Isso porque não há garantia de que as crenças e instituições que evoluem através dos tempos produzirão crescimento econômico (North, 1994) ou bem-estar social.

Embora algumas instituições sejam nacionais, um mesmo país pode ter formas variadas de encarar a vida. Dentro de uma cidade cosmopolita como Londres, podemos encontrar comunidades com instituições bastante diferentes e solidamente enraizadas.

A teoria social de Veblen, que acabou ganhando o nome de economia institucional, teve grande importância para a compreensão do pensamento econômico. Nesse sentido, o capitalismo como sistema econômico seria fruto de um punhado de instituições, entre as quais se destaca o reconhecimento e a defesa da **propriedade privada**.

Para Hodgson (2000, citado por Conceição, 2002, p. 125, tradução nossa), "as instituições são sistemas duradouros e sedimentados de regras sociais que estruturam as interações sociais. A linguagem, o dinheiro, sistemas de pesos e medidas, comportamento à mesa, as firmas (e outras organizações) são todas instituições". Por outro lado, para North (citado por Conceição, 2002, p. 128, tradução nossa), Prêmio Nobel de Economia, "as instituições são condicionamentos criados pelo homem e que estruturam as interações humanas. Elas são compostas de condicionamentos formais (e.g. regras, leis, constituições), condicionamentos informais (e.g. normas de conduta, convenções sociais, códigos de conduta autoimpostos)".

Podemos perceber, portanto, que os conceitos de *instituição* podem variar bastante, o que é natural. O que devemos apreender, principalmente, é o impacto que essas regras sociais podem gerar, além do fato de que, em princípio, elas podem ser modificadas. Qualquer brasileiro que tenha 60 anos de idade ou mais pode testemunhar como mudaram os valores da sociedade brasileira, ao longo dos últimos 40 anos.

Ronald Coase (citado por Pinheiro; Saddi, 2005) menciona alguns reflexos da lei – como instituição – sobre as atividades econômicas: proteger os direitos de propriedade privada, estabelecer as regras para a negociação e a alienação desses direitos, promover a competição, regular a estrutura e o comportamento das empresas nos setores em que há monopólio ou baixa concorrência.

Contudo, devemos ressaltar que leis inadequadas ou malredigidas podem limitar direitos individuais além do razoável, assim como podem desestimular setores da economia.

Eggertsson (2003, p. 45, tradução nossa), ao fornecer seu conceito de instituições, oferece algumas reflexões sobre seus efeitos. Para ele, são "forças de contenção social" aplicadas pelas entidades públicas, pelos grupos sociais e pelos próprios indivíduos. De fato, elas podem servir para inibir o nosso comportamento, impondo-nos os valores daquilo que seria, aparentemente, o padrão adotado pela maioria ou por grupos de pressão poderosos.

Assim, há apenas algumas décadas, uma mulher não deveria abandonar o seu lar conjugal, nem mesmo se o marido a agredisse. Dizia-se que o comportamento dela não era decente. Então, a instituição *casamento* era tão forte que legitimava, na prática, a violência do esposo. A mulher que fugisse daquela situação e desse as costas ao comportamento socialmente exigido sofria sanções sociais que atingiam até mesmo os seus filhos. Como menciona Eggertsson

(2003, p. 45, tradução nossa), os métodos de aplicação das instituições "incluem ameaças de uso da força, sanções sociais, códigos morais e expectativas de reciprocidade".

Falemos da **reciprocidade**. Se uma pessoa age de acordo com os valores sedimentados em certa sociedade, ela tem a expectativa de que as outras pessoas ajam da mesma forma. Quando duas pessoas assumem um namoro, há uma regra não escrita, na nossa sociedade, de que devem ser fiéis uma à outra enquanto durar a relação.

Essa expectativa de reciprocidade, baseada nas instituições aceitas, tem efeitos práticos na área empresarial. Quando um empresário negocia um contrato, ele tende a agir de boa-fé, colocando todas as cartas na mesa, na esperança de que o outro contratante aja da mesma forma. Eticamente, é o que deve acontecer. Assim, se os dois negociam com transparência, honestidade e respeito recíproco, a boa-fé facilita a conclusão do negócio e a sua execução posterior, levando até a uma redução dos custos de transação.

Outro reflexo importante, relativo à reciprocidade, é que, quando duas pessoas reconhecem como válidas e aplicam as mesmas instituições em seus conflitos, sabem o que podem esperar uma da outra, facilitando a cooperação. Porém, ao não agir da forma que se espera, de acordo com os valores adotados por aquela sociedade, a parte faltosa deve ter em mente que a regra social, incorporada na lei, protege o negociador que age de acordo com as instituições. Este último pode, então, exigir, em juízo, reparação pecuniária ou o desfazimento do negócio.

Os parâmetros institucionais mudam de um país para o outro. Há alguns anos, um empresário brasileiro foi a uma província remota do Paquistão negociar com um empresário local. O objeto da negociação era o estabelecimento do comércio de pedras preciosas, e ambos perceberam que aquilo poderia ser o início de uma longa parceria, com ganhos recíprocos. Após alguns dias, o empresário paquistanês sugeriu ao brasileiro que tomasse uma de suas filhas como esposa, para simplificar e agilizar as negociações futuras. Essa era a solução institucional adequada para ele, com vistas a criar laços fortes e duradouros entre os dois empreendedores. Mas o brasileiro, educadamente, recusou a oferta.

As instituições também afetam os custos dos empreendimentos e até mesmo os custos de transação entre fornecedor e consumidor. Elas influenciam positiva ou negativamente a eficiência dos mercados. Por que isso ocorre?

Em primeiro lugar, porque: "As instituições são responsáveis por assegurar o cumprimento das promessas contratuais" (Sarto; Almeida, 2015, p. 5). Em outras palavras, os contratos oferecem segurança apenas parcial, se o ambiente institucional de um país for instável, ou se as suas organizações políticas não funcionarem adequadamente.

Quando pensamos nos custos de uma empresa, normalmente falamos em mão de obra, insumos, preço de frete, energia elétrica, entre outras despesas facilmente contabilizáveis. Mas as instituições também podem gerar despesas e, até mesmo, inviabilizar o negócio.

Vamos exemplificar com uma situação bem simples. Imagine que você quer comprar um imóvel que custa 300 mil reais. Então, você pensa consigo mesmo: "Que bom! Eu tenho essa quantia. Eu posso comprar esse imóvel". Porém, nós vivemos em um país que, culturalmente, tributa todas as manifestações de riqueza e de disponibilidade econômica. Então, você teria de pagar um imposto de transmissão que chega a 2,8% sobre o valor venal do imóvel. No exemplo dado, esse valor corresponderia a R$ 8.400,00.

Por outro lado, desde a sua colonização, nosso país também prestigia o sistema cartorário, o que obriga o **pagamento** pelo reconhecimento de firmas, pela emissão de certidões, pela lavratura de escritura pública e pelo registro da transmissão no cartório competente. Este último registro, dependendo do Estado, pode chegar a R$ 5.327,30, em valores de 2017, sem contar outras taxas e emolumentos cobrados naquele ato.

Naturalmente, se algum corretor de imóveis prestou auxílio durante a negociação, ele deve ser remunerado de acordo com o percentual tradicionalmente cobrado na região (algo entre 5% e 6% do valor da transação). Assim, além do valor do imóvel, a transação em si custará algo entre 25 e 30 mil reais. E, acredite, boa parte desse valor vem da nossa cultura, das tradições do Estado brasileiro e do nosso modelo econômico.

Esse exemplo é bem claro, mas existem outros custos mais sutis, os quais, por isso mesmo, pegam de surpresa os empreendedores, reduzindo a margem de lucro que eles buscam obter.

Foi o economista britânico Ronald Coase, vencedor do Prêmio Nobel de Economia de 1991, que fez a crucial conexão entre as instituições e aquilo que ele denominou *custos de transação*. Nesse aspecto entram, por exemplo, os custos de coleta de informação e de negociação, a confecção de contratos (Sarto; Almeida, 2015, p. 3), além das incertezas resultantes do comportamento da parte contratante.

Imagine, por exemplo, uma sociedade que não tenha por hábito respeitar os contratos firmados, em que o acesso à justiça é caro e cujo sistema judiciário é lento e confuso. Nessa sociedade, a insegurança causada pelo ambiente institucional obriga o empresário a manter dinheiro em caixa para compensar o eventual prejuízo que tem com uma parcela de seus clientes. Assim, ficam imobilizados em conta recursos que poderiam ser investidos, por exemplo, em tecnologia, o que também afeta a margem de lucro da empresa e os preços dos produtos que ela oferece.

Isso parece improvável? Nem tanto. Considere um empreendedor que pretende abrir uma empresa, no Brasil, voltada ao comércio de arquivos de música pela internet. É um empreendimento honesto e que exige muito trabalho para firmar acordos com gravadoras, compositores e intérpretes. Sabemos também que existe uma grande demanda por músicas em nosso país. Logo, essa seria uma grande ideia, se não houvesse um obstáculo institucional: muitos brasileiros não veem mal algum em fazer *download* ilegal de músicas pela internet (prática da pirataria), isto é, não consideram que seja um comportamento desonesto. Na verdade, a maioria dos brasileiros que consome bens culturais recorre habitualmente a essa prática.

De acordo com o Instituto de Pesquisa Econômica Aplicada (Ipea), 81% dos *downloads* de músicas e filmes feitos em 2010 por usuários pesquisados eram feitos de maneira ilegal (Ipea, 2012, p. 15). É uma questão cultural e institucional que afetaria, indiscutivelmente, a lucratividade e a viabilidade de uma empresa que trabalhasse com comercialização de músicas via internet.

Logo, para que o empresário possa insistir em abrir uma empresa desse ramo, ele precisa: investir em tecnologias que diminuam as chances de pirataria; promover campanhas publicitárias explicando às pessoas que a pirataria é reflexo de um comportamento desonesto e criminoso; contratar um grande escritório de advocacia para ajuizar demandas contra os infratores que vierem a ser flagrados. E todas essas ações custam dinheiro. São **custos de transação** nascidos não da natureza do negócio em si, mas do ambiente institucional. Caso esses custos sejam muito altos, o empreendimento pode ir à falência em poucos meses. Por outro lado, se a sociedade apresentasse uma trava moral contra a pirataria como a que tem contra aqueles que furtam carteiras dentro dos coletivos, o empreendedor teria seus custos consideravelmente reduzidos. Ele poderia planejar sua margem de lucro e ter sucesso com o empreendimento.

No entanto, como e por que surgem as instituições? Elas nascem, geralmente, da prática reiterada (duradoura) dentro de dada sociedade. Segundo North (1994, p. 360-361, tradução nossa): "As instituições não são necessariamente, ou mesmo usualmente, criadas para ser socialmente eficientes; em vez disso, elas, ou ao menos as regras formais, são criadas para servir os interesses daqueles com poder de barganha para criar novas regras". Assim, as mudanças institucionais são influenciadas por grupos econômicos, entidades da sociedade civil, líderes políticos, religiosos e formadores de opinião. Por outro lado, na visão sombria de Zygmunt Bauman (2014, p. 73), "as ideias das classes dominantes tendem a ser as ideias dominantes".

O ambiente institucional afeta nossas decisões; em resumo, ele impõe um custo à atividade do empreendedor, influencia suas decisões e pode desestimular certos setores da economia. Esse ambiente tanto pode atrair empresas para o Brasil como pode levar outras a fechar as suas atividades em território nacional, ou ainda pode estimular as pessoas a trabalhar na informalidade ou convencê-las a se inscrever nos órgãos competentes, como empresas registradas.

Desde o advento da Lei Complementar n. 123, de 14 de dezembro de 2006 (Brasil, 2006a), que instituiu o Estatuto Nacional da Microempresa e da Empresa de Pequeno Porte, muitos empresários perceberam o surgimento de um ambiente normativo mais propício ao empreendedorismo. Isso foi possível pela percepção de que, antes dessa lei, a sociedade brasileira desestimulava a livre iniciativa, por uma série de exigências burocráticas e por um sistema tributário confuso e hermético, que deixava em segundo plano a necessidade de geração de riqueza e empregos.

> **Questão para reflexão**
>
> 1. As mudanças legislativas são, em muitos casos, reflexos de mudanças institucionais. A chamada Lei Maria da Penha, Lei n. 11.340, de 7 de agosto de 2006 (Brasil, 2006b), que pune a violência doméstica contra as mulheres, é um bom exemplo disso. A violência doméstica sempre existiu, mas a antiga sociedade patriarcal considerava isso um problema privado, a ser resolvido pelo casal e pela família. Um dito popular bastante conhecido dizia: "Em briga de marido e mulher, ninguém mete a colher".
> Diante disso, reflita: o que mudou na nossa sociedade para que o Estado assumisse a responsabilidade pela integridade física e psicológica dessas mulheres? Para auxiliar sua reflexão, considere o papel que as mulheres passaram a desempenhar na sociedade nas últimas décadas.

Como se acredita haver relação direta entre crescimento econômico e mudanças institucionais, poderíamos, então, defender a seguinte tese: para que um país em dificuldades políticas e econômicas consiga entrar em um ciclo de desenvolvimento duradouro, não basta eleger um bom governante; é necessário, também, adotar novas e boas instituições. A história demonstra que isso já aconteceu muitas vezes. Contudo, tal afirmação deve ser aceita com muito cuidado. Mudanças legislativas profundas têm sua eficiência comprometida quando são estranhas ao ambiente institucional no qual foram estabelecidas.

Economias que adotam regras formais de outras nações têm *performances* bem diferentes das do país que lhes serviu como modelo, por causa da existência de regras informais próprias, oriundas da estrutura social, que impedem a plena aplicação e o cumprimento dos acordos resultantes (North, 1994). A consequência disso é que transferir organizações políticas e regras econômicas dos países desenvolvidos para os países em desenvolvimento não é suficiente para o sucesso econômico. Um exemplo disso é a profunda instabilidade política e econômica vivida pelo Iraque desde 2002, quando uma nação estrangeira tentou impor àquele país valores que não encontravam paralelo em suas tradições.

(1.2)
Instituições na Antiguidade

Um de nossos objetivos neste capítulo é mostrar a sociedade sob novos ângulos, diversos do natural para nossa visão de mundo atual. A humanidade, ao longo dos milênios, adotou diferentes instituições e consequentemente experimentou diferentes regimes políticos, sociais e econômicos. Olhar para o passado ajuda-nos a vislumbrar o futuro.

Os povos da Antiguidade tinham uma religiosidade manifesta, porém com dogmas muito diferentes dos atuais. Essa condição tinha um grande efeito sobre a vida das pessoas. Como esse período se refere a uma era que se alastrou por milhares de anos e por culturas muito dispersas geograficamente, não podemos nos arriscar a listar suas instituições. Entretanto, podemos pinçar alguns exemplos interessantes para nossa reflexão.

Muitos dizem que a história humana começou na Suméria, mais de três mil anos antes de Cristo. Os sumérios, responsáveis pelas primeiras cidades-Estado da humanidade acreditavam que tinham sido criados a partir da argila, especialmente para servir aos deuses. Assim, a principal função do homem era construir moradas para os deuses (os templos e zigurates[1]) e lhes fornecer comida, bebida e objetos de luxo para o conforto de suas existências imortais (Kramer, 1994, p. 133). Dessa maneira, não havia lugar para o que hoje chamamos *livre-arbítrio*. Os deuses não tinham amor pelos humanos e os ajudavam apenas para que continuassem a prestar o serviço para o qual tinham sido criados.

Nesse sentido, a crença era de que a vida e a existência das cidades dependiam da boa vontade dos deuses, que precisavam ser constantemente agradados. Assim, o centro do poder nas primeiras civilizações estava concentrado nos templos. Os povos eram então governados por regimes teocráticos em que a religião e os deuses, muito mais que a política, detinham o poder para mobilizar a massa de trabalhadores necessária à construção das grandes obras públicas, como os canais de irrigação e as muralhas das cidades. Grandes extensões de terras pertenciam aos templos, assim como boa parte da produção têxtil. O poder econômico de que os sacerdotes dispunham, aliado à aura de divindade de tudo o que realizavam, permitiu que tais entidades religiosas expandissem suas propriedades, amealhando porções cada vez maiores de terra.

Graças a esse ambiente institucional específico, surgiu um modelo chamado de *economia redistributiva* (Miles, 2011). Nele, o templo controlava todos os aspectos da vida dos milhares de trabalhadores submetidos a sua autoridade e que sobreviviam por um sistema econômico em que cada um recebia apenas o suficiente para alimentar sua família. O excedente, ou *sobretrabalho* – guarde esse termo, pois ele será importante –, ficava para o templo. Em outras palavras,

---

[1] Zigurate é um monumento em forma de pirâmide com patamares superpostos, em geral com rampas ou escadarias até o topo, onde existia um santuário, usado também para o armazenamento de cereais e a observação astronômica.

os trabalhadores não eram escravos nem assalariados. O agricultor conseguia produzir mais que o suficiente para sobreviver, porém, submisso a coerção religiosa, entregava o excedente aos sacerdotes. Embora esse modelo não tenha abarcado toda a população da Suméria, seu peso foi expressivo naquela economia.

Quanto à evolução do Estado tal como o conhecemos atualmente, podemos dizer que sua origem remonta às cidades (pólis) da Grécia Antiga, entre os séculos VIII a.C. e V a.C., as quais nasceram da aliança entre famílias e tribos e se constituíam em pequenos centros urbanos autogovernados que exerciam poder sobre as áreas agrícolas vizinhas. Por causa da pobreza do solo, dependiam da pesca e do comércio para garantir a manutenção da população urbana. Atenas e Esparta foram as pólis mais famosas, cada uma com instituições políticas e sociais muito diferentes.

Esparta, de perfil aristocrático, ficou conhecida como o símbolo maior de uma sociedade voltada para a guerra, em que uma casta de guerreiros controlava castas inferiorizadas que cuidavam da terra. Podemos dizer que suas instituições, embora interessantes, nenhuma influência tiveram sobre o mundo moderno.

A cidade-Estado de Atenas, por outro lado, teve uma longa experiência política baseada no conceito de democracia, segundo o qual o cidadão não apenas elegia seus representantes como também criava leis (legislava), decidia sobre a paz e a guerra e, até mesmo, julgava questões criminais. Era uma democracia dita direta, porque se realizava em praças públicas – como a famosa ágora –, por meio de debates seguidos de imediata votação. Esse modelo influenciou algumas cidades gregas daquele mesmo período. Os atenienses valorizavam também a igualdade entre os cidadãos e certa liberdade de expressão, que era submetida a limites impostos por dogmas religiosos tidos como inegociáveis.

Por tudo isso, Atenas é uma referência importante para a civilização ocidental até os dias de hoje. Nessa cidade não havia partidos políticos como os atuais, mas eram notórias as facções, identificáveis por seus líderes ou por suas ideias comuns. Se a população percebesse o risco de que algum desses líderes pudesse se tornar um tirano, uma votação especial poderia condená-lo ao **ostracismo**, o que significava ser obrigado a afastar-se de Atenas pelo prazo de dez anos.

Apesar de todos os méritos da democracia ateniense, o número de cidadãos – de pessoas com direito a voto – era relativamente reduzido. Isso porque mulheres, escravos e estrangeiros não podiam participar da vida política.

Tudo isso ganha contornos ainda mais interessantes quando percebemos que tais instituições – **democracia** e **cidadania** – foram pouco comuns ao longo da Antiguidade. Na verdade, apesar das contradições, havia mais democracia em Atenas do que vemos em muitos países do século XXI.

Nossas instituições também foram influenciadas pelas instituições da Roma Antiga, especialmente as do período republicano (509 a.C.-27 a.C.). Roma era um Estado que, ao menos em teoria, tinha sua existência legitimada pelo interesse da sociedade e do povo, com um sistema de governo que se propunha a arbitrar e organizar as disputas entre os interesses particulares das diferentes classes sociais e famílias. A vida política de Roma era estruturada pelo Senado, pelos cônsules e pelo poder do povo – cada uma dessas entidades com atribuições específicas.

Os cônsules, em número de dois, tinham poderes principescos, executivos, mas com mandatos de apenas um ano de duração. Até 366 a.C. cumpriam também a função de juízes de instância superior, mas perderam essa função para os pretores. O Senado controlava as despesas e receitas, a justiça e as questões religiosas. Verificava, também, a validade formal das leis, tanto na sua conformidade perante os costumes quanto na obediência às formalidades necessárias à sua confecção.

O povo (plebe) de Roma, embora não governasse, participava de assembleias para julgar e impor multas para certos delitos. E apenas a plebe podia, no período republicano, condenar alguém à morte (Políbio, citado por Pinsky, 1988). Ademais, o povo tinha o direito de eleger um representante extremamente influente: o tribuno da plebe, que detinha o direito de vetar leis que fossem desfavoráveis à população.

Grécia e Roma tiveram o mérito de criar sistemas capazes de impedir a concentração do governo, das forças armadas, da autoridade divina, das terras e da justiça nas mãos de uma única pessoa (Chaui, 2010).

Os quase 500 anos de experiência republicana em Roma foram marcados por diferentes fases, que deixaram relatos capazes de inspirar a vida política europeia mesmo mais de 1.500 anos após terem ocorrido. Apenas para exemplificar, podemos lembrar que a França revolucionária, depois de abolir a monarquia, foi governada durante cinco anos por um regime de consulado (1799-1804) de inspiração romana.

A Roma Republicana, e depois a Imperial, também influencia até os dias de hoje o direito no mundo ocidental. E sua língua oficial, o latim, foi e em alguns casos ainda é a língua culta usada por cientistas e teólogos ao longo de séculos.

A religião cristã difundiu-se graças ao Império Romano, quando o imperador Constantino a ela se converteu, no ano de 313 d.C. A doutrina cristã teve, e segue tendo, grande influência sobre as instituições ocidentais. Contudo, antes de Constantino, a relação do cristianismo com o império não era boa. Os romanos, na origem, eram politeístas e tinham uma tolerância muito grande com os deuses de outros povos, tanto que chegaram a adorar a deusa egípcia Ísis. No entanto, não gostavam do comportamento evangelizador dos cristãos que, ainda por cima, não respeitavam os deuses romanos, nem o caráter divino do imperador.

Desse choque cultural surgiram as perseguições sangrentas empreendidas por Roma contra os cristãos (Harari, 2014). A incapacidade humana de compreender as diferenças institucionais, entre culturas diversas, esteve por trás de alguns dos grandes conflitos da história.

(1.3)
Instituições na Idade Média

Chamamos de Idade Média o longo período que se estendeu do fim do Império Romano do Ocidente (476 d.C.) até a tomada de Constantinopla pelos turcos otomanos, em 1453. A história econômica desses dez séculos foi marcada pelo estabelecimento do sistema feudal, pelo desenvolvimento de uma economia artesanal urbana e pelo início do regime das corporações de ofício (regime corporativo). Além disso, houve a questão religiosa. Na Europa, o cristianismo teve um papel importante para a estruturação das diferentes instituições da época.

O fim do Império Romano do Ocidente – que tinha sua sede em Roma – e o surgimento de diferentes reinos bárbaros no oeste do continente europeu foram fatores que desestruturaram toda a cadeia administrativa e arruinaram as rotas comerciais e as grandes cidades, levando ao desaparecimento de obras literárias, arquivos, bibliotecas e métodos tradicionais de ensino. O nível de alfabetização na região, que nunca havia sido alto, despencou.

Com o vácuo deixado pelo fim do império, o bispo de Roma assumiu parte da autoridade sobre o território, como símbolo de uma cultura dita superior que antecedeu toda aquela brutal transformação. A figura, que hoje chamamos de *papa*, consolidou-se como o líder de grande parte da cristandade. Ademais, com a queda do nível cultural da população, os mosteiros e as abadias passaram a ser o repositório da cultura clássica. Quando tudo se acalmou e os reis bárbaros começaram a demandar do papa a legitimidade religiosa para seu poder, as novas escolas caíram nas mãos da Igreja (Russell, 2016). Essa realidade se manteve por alguns séculos, conferindo à cúpula do cristianismo a hegemonia sobre a produção do conhecimento.

A Igreja também influenciou o direito. A noção de *justiça* passou a ser atrelada a algo que se nomeou *lei divina*. Durante alguns séculos, "a lei divina definiu as relações entre os indivíduos, inclusive quem os governava e, como eles deveriam ser governados" (Carnoy, 2008, p. 20).

Na Europa, a economia também era submetida à moral cristã de então. A riqueza era malvista e somente se justificava se fosse usada para se servir a Deus. Assim, os ricos eram obrigados pela moral dominante a doar recursos aos conventos, aos mosteiros e às obras pias. Algumas atividades empresariais eram consideradas pecaminosas, como o empréstimo de dinheiro remunerado pela cobrança de juros. Isso porque, na visão cristã medieval, a única forma correta de enriquecer seria pelo trabalho, ou seja, o dinheiro não poderia, por si só, gerar mais dinheiro. Os contratos de seguro também eram proibidos, pois eram tratados como jogos de azar.

Embora as rotas comerciais estivessem se reestruturando, a grande maioria da população passava sua vida consumindo alimentos e outros bens que tinham sido produzidos a um raio de poucos quilômetros de suas casas. Era uma economia, basicamente, de subsistência.

A Idade Média durou quase mil anos. A partir do século X, nas vastas áreas rurais, passou a predominar um modelo econômico e social conhecido como *feudalismo*. Para muitos historiadores, o feudalismo também esteve presente em vários outros países, como China, Índia, Marrocos, Japão, Mongólia de Gêngis Khan, etc.

Para quem adota esse entendimento, o feudalismo se caracterizou pela exploração agrária de larga escala nas terras dos senhores feudais. Os trabalhadores eram os camponeses, donos de pequenas propriedades que cediam seu sobretrabalho[2] ao senhor feudal, sob a ação de métodos de coerção jurídica e de dependência militar.

Os camponeses eram obrigados a trabalhar parte do seu tempo nas terras do senhor feudal e na manutenção do castelo, em um sistema conhecido como *corveia*. Além disso, dependiam da segurança oferecida pelo castelo do senhor feudal e pelos cavaleiros, que constituíam uma classe de guerreiros especializados. O camponês, embora não fosse escravo e até pudesse ter sua pequena propriedade, tinha sua mobilidade restrita. As terras sob influência do senhor feudal – chamado de *feudo* – gozavam de relativa autossuficiência e o comércio para além delas era limitado.

Embora tais características sejam aceitas e possam ser identificadas em várias partes do mundo naquela época, historiadores como Perry Anderson entendem que o verdadeiro feudalismo ocorreu apenas na Europa e, até certo ponto, no Japão. Isso porque, segundo Anderson (2004), o feudalismo não se define apenas por seu perfil econômico, mas também por sua **superestrutura**, que inclui aspectos jurídicos e constitucionais.

Entre os aspectos relevantes dessa superestrutura, precisamos mencionar a **soberania parcelada**, isto é: a Europa era repartida em feudos quase independentes, sobre os quais os reis europeus

---

2 *Definimos esse termo quando abordamos os sumérios. Retomaremos a palavra quando tratarmos do capitalismo.*

exerciam um poder político extremamente limitado. A aristocracia militar (formada pelos cavaleiros) constituía a classe militar dominante, com poder econômico e político, a quem a massa da população rural devia obediência direta.

Para estudiosos marxistas como o citado Anderson (2004), as instituições do feudalismo europeu são a explicação para o surgimento do capitalismo naquele continente, como analisaremos em momento oportuno.

Outro aspecto interessante para os empreendedores de hoje diz respeito aos ofícios tipicamente urbanos. Na Idade Média, como podemos imaginar, não havia escolas profissionalizantes. Os diferentes ofícios eram ensinados na prática, e os conhecimentos eram transmitidos dos mestres para seus aprendizes e operários. Os mestres eram profissionais autônomos que dirigiam suas oficinas – ferreiros, açougueiros, fabricantes de vidro, de sapatos, de chapéus etc. Eram pequenos empreendedores que não corriam grandes riscos, pois trabalhavam diretamente para a sua clientela mediante encomendas ou para a venda nos mercados locais.

Com o tempo, cada categoria foi se organizando, criando associações conhecidas como *corporações de ofício*. Como o Estado medieval era fraco, tais associações tinham poder suficiente para criar suas próprias regras e leis de comércio, mas, principalmente, para impedir que pessoas exercessem aquelas atividades sem a autorização da respectiva corporação. Assim, se um sujeito pretendesse fabricar vidros na cidade de Estrasburgo, precisaria ser aceito pela corporação de fabricantes de vidro dessa cidade, o que não era fácil. Era necessário passar em testes práticos e também pagar pesadas taxas à corporação e ao rei. Portanto, não havia liberdade de comércio ou de indústria (Guitton; Vitry, 1981). Diante de tais instituições, "para se impor, o espírito capitalista [...] teve de travar duro combate contra um mundo de forças hostis" (Weber, 2011, p. 49).

(1.4)
INSTITUIÇÕES NA IDADE MODERNA E IDADE CONTEMPORÂNEA: A ECONOMIA DA SOCIEDADE DE MERCADO

Já dissemos que as instituições não são permanentes. Os hábitos e os valores são mutáveis. Um exemplo disso se deu a partir de 1517, quando teve início a Reforma protestante. A Igreja Católica, que era a única intérprete da lei divina na Europa ocidental, em poucas décadas viu-se fragmentada, ao mesmo tempo que a nobreza perdia espaço econômico para a burguesia (Carnoy, 2008). Vamos consultar o conceito de *burguesia*, num dicionário de economia:

> **Burguesia.** *Classe social composta dos proprietários do capital que vivem dos rendimentos por eles gerados. [...] Originalmente, o termo era aplicado aos habitantes dos aglomerados urbanos da Idade Média que se dedicavam ao comércio, à usura e ao artesanato. Os interesses dessa burguesia eram extremamente limitados pelo poder dos senhores feudais, que serviam de obstáculo também às aspirações políticas dos reis. Por isso, frequentemente, burgueses e monarcas aliavam-se para lutar contra a nobreza feudal, surgindo assim um dos fundamentos das monarquias nacionais.*
> (Sandroni, 1999, p. 68, grifo do original)

Dessa forma, iniciou-se uma fase de transição institucional, abrindo caminho para novas formas de governo e para o sistema econômico capitalista.

Nos séculos XVI e XVII, durante as Grandes Navegações, que levaram navios europeus aos mais distantes confins das Américas, África e Ásia, os exploradores puderam observar as mais variadas culturas, regidas por algumas instituições bastante originais. Eles descobriram que existiam diferentes formas de organização social e política, com amplos reflexos na vida diária das pessoas.

No Brasil, por exemplo, os exploradores encontraram povos indígenas que praticavam uma forma de canibalismo ritual. A carne humana, para esses povos, não era necessária para a alimentação, mas algumas partes do corpo podiam ser apreciadas, na intenção de se adquirirem características mágicas, em geral certas qualidades do morto. Eles também descobriram aqui uma forma de sociedade que não era dividida em classes sociais, tanto a miséria quanto a abundância eram divididas por todos os membros de determinado povo.

Na China, pesquisadores se depararam com um imenso e sofisticado império, cujos governantes desdenhavam dos europeus, "bárbaros de rosto vermelho" (Giddens, 2012, p. 90), que vinham de lugares para eles insignificantes e muito distantes daquilo que, para eles, era o mundo civilizado. A China se via, com certa razão, como o centro do mundo civilizado, e suas instituições sequer poderiam ser compreendidas pelos ocidentais. As instituições imperiais chinesas, extremamente conservadoras, garantiram por séculos a coesão de sua enorme população, bastante diversa do ponto de vista étnico.

Em todas essas civilizações, a maioria da população trabalhava na terra ou vivia da coleta e da caça. Durante séculos, "mesmo na mais avançada das civilizações tradicionais [...] o nível relativamente baixo de desenvolvimento tecnológico não permitiu que mais do que uma pequena minoria se libertasse das tarefas da produção agrícola" (Giddens, 2012, p. 94).

Apesar das resistências enfrentadas, a civilização europeia foi conseguindo, a partir do século XVI e com ainda mais força no século XVII, dominar pontos estratégicos por toda a parte, além de colonizar vastas extensões de terra em outros continentes. Como ela conseguiu energia para tanto? Alguns encontram a resposta nas características do feudalismo europeu. Para Karl Marx (2013), esse sistema econômico singular, somado aos metais preciosos trazidos pelos espanhóis das Américas, permitiu a concentração de uma grande massa de recursos nas mãos de um pequeno grupo de pessoas. É o que foi chamado de **acumulação primitiva de capital**. Os comerciantes deixaram então de comprar os produtos dos artesãos – seus fornecedores tradicionais – e passaram a criar manufaturas em que muitas pessoas trabalhavam para produzir os mesmos artigos. Esses proprietários usaram seus recursos para controlar os meios de produção (máquinas, terras, teares etc.) e tiraram proveito da grande massa de indivíduos desprovidos de recursos, que trocavam sua força de trabalho por um salário. Tais recursos acumulados deram origem à Revolução Industrial e ao **capitalismo**.

Neste ponto, podemos retomar a questão do **sobretrabalho**. No capitalismo, sobretrabalho é o período de tempo em que o trabalhador produz riquezas que excedem o valor do seu salário. Se compararmos com o que analisamos da Antiguidade e da Idade Média: "O capitalismo é o primeiro modo de produção da história em que os meios pelos quais o excedente é extraído do produtor direto têm forma 'puramente' econômica – o contrato salarial" (Anderson, 2004, p. 403). A difundida existência de **contratos de trabalho** é uma das características marcantes do capitalismo, com o pagamento de **salários periódicos**, em lugar da economia distributiva dos templos sumérios, ou da corveia medieval, ou ainda da relação entre mestres e aprendizes nas corporações de ofício, ou mesmo do trabalho escravo do nosso período colonial. Além disso, esse sistema promoveu, ao se estabelecer, uma profunda mudança institucional, com impactos em toda a sociedade. No entanto, a difusão do capitalismo dependeu também de outras instituições, como o livre mercado, a propriedade privada e as sociedades empresárias. Todas elas serão referenciadas nos próximos capítulos.

Outras teorias sobre a origem do capitalismo o relacionam à difusão da Reforma protestante, especialmente por influência do calvinismo e de outras denominações ditas *puritanas*. Não que os reformadores considerassem ética a ambição dos homens por bens terrenos, muito pelo contrário. Em verdade, desenvolveram teses baseadas em passagens bíblicas que os permitia interpretar a acumulação de riqueza como uma forma de servir a Deus. Essa discussão está bem desenvolvida no livro *A ética protestante e o espírito do capitalismo*, escrito em 1904 por Max Weber, um dos fundadores da sociologia. Essa obra, implicitamente, está recheada de questões relacionadas à influência das instituições na vida econômica e social.

O protestantismo ascético condenava não a acumulação de riquezas, mas o descanso sobre a posse e o gozo irresponsável da riqueza, que resultavam em ócio, preguiça, conversa fiada, fofoca e prazer carnal. Ter posses é reprovável apenas quando "traz consigo o perigo desse relaxamento" (Weber, 2011, p. 143). Nessa visão, trabalhar e produzir é necessário, pois é da ação que aumentamos a glória de Deus. "O 'descanso eterno dos santos' está no Outro Mundo" (Weber, 2011, p. 143). A perda de tempo, em vida, é um pecado.

Nos dias de hoje, dizemos que tempo é dinheiro. Mas, em uma comunidade religiosa (protestante) do século XVII ou XVIII, dizia-se que "cada hora perdida é trabalho subtraído ao serviço da glória de Deus" (Weber, 2011, p. 143-144). Afinal, o homem rico pode servir melhor a Deus, à cristandade e à conversão dos outros povos.

Também nessa transição se abriram, por toda a Europa, novas possibilidades de negócios. Entre os adeptos das religiões reformadas, os calvinistas não condenavam mais os empréstimos a juros (Guitton; Vitry, 1981). Dessa maneira, as instituições bancárias puderam florescer por quase toda a Europa.

A ironia disso tudo, segundo Weber, é que "os efeitos culturais da Reforma foram em boa parte [...] consequências imprevistas e mesmo indesejadas do trabalho dos reformadores, o mais das vezes bem longe, ou mesmo ao contrário, de tudo o que eles próprios tinham em mente" (Weber, 2011, p. 81). Como afirma Weber, sua análise não é religiosa, mas sim relacionada a aspectos periféricos à religiosidade. Trata de certas ideias, reconhecidas como valores por certas sociedades, que permitiram a expansão do capitalismo e mudaram o mundo.

Embora o ateísmo – a ausência de crença em um Deus – seja uma opção bastante comum e aceita no Ocidente, a religião continua sendo um aspecto importante nas relações sociais em todo o mundo. E ela tem, inegavelmente, peso político. A Constituição Federal brasileira afirma, em seu preâmbulo, que ela foi promulgada "sob a proteção de Deus" (Brasil, 1988). Já a Constituição da República Islâmica do Irã (Irã, 1979), em seu art. 4º, declara: "Todas as leis e decretos civis, penais, financeiros, econômicos, administrativos, culturais, militares e políticos etc. devem basear-se em preceitos islâmicos. Este artigo tem absoluta e universal prioridade sobre todos os outros artigos da Constituição [...]".

Para saber mais

IRÃ. **Constituição da República Islâmica do Irã**. 15 nov. 1979. Disponível em: <http://pt.brasilia.mfa.ir/index.aspx?fkeyid=&siteid=424&pageid=28469>. Acesso em: 14 fev. 2018.

O leitor interessado em refletir sobre o peso da religião nos sistemas políticos contemporâneos pode examinar o texto da Constituição da República Islâmica do Irã.

Para Anderson (2004, p. 403), apenas as estruturas jurídicas e constitucionais gestadas na Europa, desde o feudalismo, explicam porque a Revolução Industrial veio a ocorrer naquele continente e nos Estados Unidos, levando "à transformação de todas as sociedades do mundo" e à consequente implantação do capitalismo como modelo econômico hegemônico.

O sociólogo Anthony Giddens (2012), ao falar da destruição das sociedades tradicionais nos últimos dois séculos, apresenta um grande culpado: a industrialização.

Segundo Giddens (2012, p. 94):

> *A industrialização refere-se à emergência da produção mecânica, baseada no uso de recursos energéticos inanimados (como vapor ou eletricidade). As sociedades industriais [...] são totalmente diferentes de qualquer tipo anterior de ordem social, e seu desenvolvimento teve consequências que vão muito além de suas origens europeias.*

Diante da industrialização, o homem passou a produzir objetos que, antes dela, eram impossíveis para as mãos humanas. Para a Europa e os Estados Unidos, o processo gerou grandes saltos tecnológicos que garantiram a preponderância econômica e militar dessas regiões do globo até o final do século XX. No Ocidente, a evolução política de nações como Reino Unido, Estados Unidos e França, ao longo dos séculos XVIII e XIX, levou a grandes reformas institucionais, que ainda são visíveis nos dias de hoje.

A Revolução Francesa, ocorrida a partir de 1789, consolidou politicamente uma ideia até então revolucionária: todos os homens são iguais. Isso pode parecer estranho, porém, o fato é que, antes dessa data (e mesmo depois dela), essa era uma frase aceita por poucos. Afinal, juridicamente, a nobreza e o clero estavam acima dos outros homens – além das mulheres, que eram propriedade de seus pais ou de seus maridos. Também havia teorias que buscavam encontrar diferenças entre os seres humanos em função da cor da pele ou da origem geográfica, as quais serviram como desculpa para justificar os horrores da escravidão. No século XX, tais teorias foram reinventadas e voltaram a assolar a humanidade, como o nazismo e outras correntes que perduram, ainda hoje, em todo o mundo.

Para saber mais

ORDENAÇÕES FILIPINAS. Disponível em: <http://www1.ci.uc.pt/ihti/proj/filipinas/ordenacoes.htm>. Acesso em: 14 fev. 2018.

A desigualdade entre os seres humanos era algo expresso nas leis anteriormente à Revolução Francesa (1789). A desigualdade era uma verdadeira instituição, protegida pelo Estado. Caso o leitor queira examinar alguns exemplos dessa desigualdade, recomenda-se a leitura das *Ordenações Filipinas*, disponíveis no *link* indicado. Elas formavam um código de leis utilizado em Portugal e no Brasil a partir de 1595. Tendo sofrido várias modificações, algumas de suas regras ainda eram aplicadas no Brasil até 1916. No título 38 do livro V apresenta-se, de forma aberta, toda a desigualdade de um sistema que rebaixava as mulheres e elevava de forma absurda os direitos dos nobres (fidalgos). Leia o referido artigo:

> *De quem matou sua mulher, por a achar em adultério.*
> Achando o homem casado sua mulher em adultério, licitamente poderá matar, assim, a ela, bem como ao adúltero, salvo se o marido for peão, e o adúltero Fidalgo, ou nosso Desembargador, ou pessoa de maior qualidade. Porém, quando matar alguma das sobreditas pessoas, achando-a com sua mulher em adultério, não morrerá por isso mas será degredado para África com divulgação na audiência pelo tempo que aos julgadores bem parecer, segundo a pessoa que matar, não passando de três anos[3]. (Ordenações Filipinas, 2018b, p. 1188)
>
> Assim, se o marido e a vítima fossem **peões**, o marido se livraria solto. Porém, se a vítima fosse **pessoa de qualidade**, aquilo que antes era permitido viraria um crime, ainda que leve.

A igualdade ajudou também a legitimar uma maior participação política das pessoas e levou à adoção do pluralismo político como uma espécie de instituição oficial das democracias capitalistas. Tomando por base a noção de liberdade individual, a ideia de um sistema político formado por diferentes partidos políticos, com variadas ideologias e que disputassem nas eleições a preferência do eleitorado, passou a ser vista também como a única forma possível de democracia.

Resgatados com outras cores e formatos, os valores da democracia ateniense passaram a ser tratados como verdade indiscutível.

---

[3] O texto, em sua grafia original, é este: *Do que matou sua mulher, pola achar em adultério. Achando o homem casado sua mulher em adulterio, licitamente poderá matar assi a ella, como o adultero, salvo se o marido for peão, e o adultero Fidalgo, ou nosso Dezembargador, ou pessoa de maior qualidade. Porém, quando matasse alguma das sobreditas pessoas, achando-a com sua mulher em adulterio, não morrerá por isso mas será degredado para Africa com pregão na audiencia pelo tempo, que aos julgadores bem parecer, segundo a pessoa, que matar, não passando de trêz anos.* (Ordenações Filipinas, 2018b, p. 1188)

A ideia de que o governo é eleito pelo povo para se colocar a serviço deste, de acordo com os interesses da maioria, é um dogma ocidental (Carnoy, 2008).

Há quem diga que o bom funcionamento da democracia está indiscutivelmente comprometido sob o modelo do capitalismo industrial (Carnoy, 2008). Por outro lado, a experiência de 70 anos de regimes marxistas no Leste Europeu (1917-1989) também revelou não ter sido possível criar mecanismos de efetiva participação popular nas decisões políticas de relevo. A democracia, embora seja uma instituição para muitos povos, ainda não se tornou plenamente efetiva.

Desde o século XIX, na Europa, a lei divina já não era uma instituição relevante do ponto de vista político. Era preciso substituí-la por algum conceito igualmente poderoso. Passou-se então a falar em *vontade popular* e *desejo da maioria*, conceitos bastante subjetivos e que podem servir aos mais diferentes interesses.

Na atualidade, estamos provavelmente em uma fase de transição. A industrialização, o desenvolvimento do setor de serviços e, mais recentemente, a revolução da tecnologia da informação criaram instituições sociais e modos de vida muito diversos daqueles que existiam há poucas décadas. Nós nos divertimos, comemos, namoramos e participamos da vida política e cultural de uma maneira bastante diferente daquela das gerações anteriores.

Desde a década de 1990, falamos constantemente em **globalização**. Contudo, as transformações agora são tão rápidas que mal temos tempo de consolidar um conceito relativo a esse termo. A globalização não é apenas econômica, mas também política e cultural, acelerada por uma revolução tecnológica na área da comunicação e da informação e por um sistema capitalista que abrange praticamente todo o mundo. Hutton e Giddens (2004) identificam, na globalização: o poder da internet; a economia sem peso (a economia do conhecimento); a vitória do capitalismo sobre os estados comunistas; amplas transformações na vida cotidiana, nas famílias, nas relações entre homens e mulheres; a inclusão das questões ecológicas na pauta mundial de situações de risco; a redução geral da mão de obra relacionada à indústria; o impacto da tecnologia na nossa alimentação (Hutton; Giddens, 2004).

Um dos reflexos desse fluxo de transformações pode ser percebido no sistema econômico atual, que incentiva o Estado a recuar em setores como previdência social, educação e saúde. Por toda parte, as pessoas têm cada vez menos confiança na classe política e na capacidade do Estado de encontrar soluções para a sociedade. Por conta disso, o setor privado tem ganhado força, e muitas oportunidades devem surgir para os empreendedores.

(1.5)
A INFLUÊNCIA DAS INSTITUIÇÕES NO DESENVOLVIMENTO BRASILEIRO

As instituições são mutáveis, como afirmamos anteriormente. No entanto, alguns aspectos são extremamente persistentes e afetam uma enorme rede de fatores. É interessante analisar, por exemplo, o Brasil da década de 1990 e seus paralelos com o nosso passado colonial. O paternalismo e o assistencialismo, aspectos permanentes da nossa sociedade, remetem-nos ao onipresente Estado português do século XVIII, nossa metrópole. Temos o hábito de esperar que o Estado resolva e regule tudo. Se os bueiros estão entupidos, se as calçadas e as estátuas das praças estão sujas, esperamos que o Estado tome alguma medida.

Isso é bem diferente do que acontece em países cuja sociedade civil é forte, formada espontaneamente por associações de moradores e empresários, sindicatos, organizações políticas e outras entidades formadas por cidadãos com recursos próprios, que servem como grupos de pressão eficazes para a transformação da vida social. Sem depender de dinheiro público, a verdadeira sociedade civil forma, nesses países, o conteúdo ético da sociedade e atua diretamente naquilo que está ao seu alcance. No Brasil e na América Latina, um Estado forte

sempre foi tido como adequado, quando não necessário [...], pois seus órgãos, ainda que precários e rarefeitos, acabavam preenchendo o vazio associativo civil [...] e assegurando uma relativa estabilidade institucional pública, na ausência histórica de uma saudável estabilidade institucional proporcionada pelo próprio setor privado. (Souto, 2000, p. XVIII)

Essa condição teve grandes reflexos na nossa economia, pois algumas das maiores empresas do passado pertenciam ou eram controladas pelo Estado. Entre as décadas de 1940 e 1980, o Estado brasileiro foi o principal ator da economia nacional, exercendo atividades de cunho empresarial, principalmente as que demandavam grandes recursos. Em determinado momento, quase todas as empresas brasileiras de telefonia pertenciam ao setor público. Nas décadas de 1960 e 1970, mais de 300 empresas estatais foram criadas (Souto, 2000). Isso se refletiu, e ainda se reflete, nos setores de serviços sociais, como de água, esgoto e eletricidade, bem como em organizações siderúrgicas, portuárias, aeroportuárias e até petrolíferas. Ou seja, essa condição teve seus aspectos positivos, mas, a longo prazo, acabou gerando ineficiência e endividamento. Debateremos esse tema com mais profundidade em outra seção, quando abordarmos o keynesianismo.

A Constituição Federal de 1988 nasceu em um período de transição no cenário político e econômico internacional. A Guerra Fria, disputada entre as potências capitalistas e socialistas, estava perdendo força, o que gerou reflexos na redação dessa constituição. Se, por um lado, ela garantiu a proteção à propriedade privada, por outro, estipulou que ela deveria cumprir sua função social. No campo da ordem econômica, o texto da Constituição determinou o respeito à livre concorrência, expresso no art. 170, inciso IV, e tentou revolucionar as instituições brasileiras com a criação de um **Estado mínimo**, ao romper com a tradição do Estado intervencionista, em seu art. 173: "Ressalvados os casos previstos nesta Constituição, a exploração direta de atividade econômica pelo Estado só será permitida quando necessária aos imperativos da segurança nacional ou a relevante interesse coletivo, conforme definidos em lei." (Brasil, 1988). Com isso, o Estado brasileiro deveria reduzir seu papel na economia, abandonando certas atividades que, longe de estarem voltadas ao interesse público, eram tipicamente empresariais, como os casos da telefonia e da mineração. Deveriam restar, para o Estado, as funções de fiscalização, incentivo e planejamento.

Tal Estado mínimo, contudo, embora previsto na Constituição, nunca foi realmente implantado. Assim, restou uma brecha importante, passível de amplas interpretações, estipulando que, havendo "relevante interesse coletivo", o ente da federação que fosse competente para atuar no caso (União Federal, estado ou município) ainda teria a possibilidade de intervir na economia com a criação de sociedades de economia mista (como é o caso da Petrobras) ou de empresas públicas (por exemplo, a Empresa Brasileira de Correios e Telégrafos – ECT).

Embora a Constituição tenha tentado mudar as tradições da nossa economia, a sociedade não estava preparada para isso. Assim, houve uma grande resistência quando, na década de 1990, o governo federal – inspirado por ações que vinham sendo tomadas em outros países – decidiu realizar um amplo processo de desestatização da economia, por meio de privatizações de empresas públicas, concessões de serviços públicos a empresas privadas e terceirizações.

Entre os estudiosos da chamada Nova Economia Institucional (NEI), alguns advogam que os modelos institucionais dos países desenvolvidos devem ser adotados pelos países em desenvolvimento. Assim, estes deveriam diminuir o papel do Estado na economia, privatizar as empresas estatais, flexibilizar as leis trabalhistas e reduzir os gastos com previdência social e saúde, transferindo ao máximo esses ônus para a iniciativa privada – todas essas ações levariam, necessariamente, a uma redução dos tributos. Embora algumas dessas propostas possam parecer tentadoras para o cenário brasileiro, devem ser encaradas com cuidado. Isso porque instituições que se mostraram positivas em nações como Reino Unido, Suécia ou Estados Unidos, não terão, necessariamente, o mesmo sucesso em terras brasileiras.

Quando pensamos no parlamentarismo britânico ou no sistema federativo norte-americano – instituições estrangeiras bem-sucedidas –, concluímos que não foram impostas do dia para a noite. A divisão dos Estados Unidos em estados tem raízes profundas no sistema colonial a eles imposto e no processo de independência que o país enfrentou. Por sua vez, o parlamentarismo britânico foi fruto de séculos de evolução política, regados por esporádicos banhos de sangue, que não poupavam nem mesmo a cabeça do rei. Assim, tais sistemas, supostamente superiores, evoluíram dentro de um ambiente institucional próprio, sem que se possa garantir que funcionem bem em outros países (Davis; Trebilcock, 2009). Por isso existem várias formas de se organizar as economias e também vários tipos de capitalismo (Conceição, 2002).

Se pretendemos incorporar à nossa cultura instituições estrangeiras que não têm paralelo no Brasil e não evoluíram a partir da nossa sociedade, então precisaremos impor à população os valores a elas atrelados, seja por meio de leis ou, até mesmo, de reformas constitucionais. O sucesso ou não dessas medidas é algo difícil de prever.

Síntese

Neste capítulo, focamos o conceito de instituição tal como moldado por Thorstein Veblen, o qual vem sendo usado, especialmente na economia, para explicar vários aspectos relacionados ao comportamento e ao desenvolvimento das sociedades. Para tanto, usamos os conceitos de grandes economistas, como Douglas North e Ronald Coase.

Apresentamos, ainda, vários exemplos sobre a origem e o papel das instituições no passado e nos dias de hoje. Enfatizamos que alguns dos valores atuais foram herdados da Antiguidade e que a religião, mesmo enfraquecida, ainda tem grande influência, implícita ou explícita, sobre a forma como agimos dentro da sociedade ou na vida privada.

Apresentamos, também, a visão de que as instituições são, conforme Bell (1976, p. 471), "um aglomerado de hábitos e costumes, maneiras de fazer as coisas e modos de pensar sobre as coisas, tudo sancionado pela prática prolongada e pela aprovação da comunidade". Embora duradouras, elas são mutáveis e variam de uma sociedade para outra. Quando são positivas, ajudam no desenvolvimento econômico e social, facilitando as transações econômicas. Podem ser importadas de outras sociedades, mas os efeitos não são, necessariamente, os mesmos.

Por fim, é válido mencionarmos que os fatos históricos aqui relacionados são apenas exemplos esparsos que não têm a intenção de contar a história da humanidade. De toda sorte, os conteúdos abordados neste capítulo devem ser assimilados, pois terão grande importância nos capítulos a seguir.

Questões para revisão

1. As instituições, no conceito adotado pela economia institucional, exercem profundo impacto sobre a vida política, econômica e social. A respeito dessa perspectiva sobre as instituições, examine as afirmativas a seguir:
   i) Mudanças institucionais levam ao crescimento econômico.
   ii) As instituições são regras e valores reconhecidos por dada sociedade.
   iii) As leis de um país costumam se refletir nas instituições adotadas pela sociedade desse país.

   A seguir, assinale a alternativa que apresenta as afirmativas corretas:
   a) I, II e III.
   b) Apenas I e II.
   c) Apenas II e III.
   d) Apenas I e III.

2. Sobre as instituições da Antiguidade e da Idade Média, examine as afirmativas a seguir:
   i) A democracia ateniense continua sendo uma inspiração para muitos sistemas políticos contemporâneos.
   ii) O feudalismo, como modelo econômico e social, levou ao enfraquecimento do poder político dos reis.
   iii) Entre os artesãos das cidades medievais predominava um espírito de livre iniciativa.

   A seguir, assinale a alternativa que apresenta as afirmativas corretas:

a) I, II e III.
b) Apenas I e II.
c) Apenas II e III.
d) Apenas I e III.

3. Sobre as origens do capitalismo, avalie as afirmativas a seguir:
   i) No capitalismo, o contrato de trabalho é a forma usada para extrair do produtor direto o sobretrabalho por ele realizado.
   ii) O capitalismo surgiu praticamente ao mesmo tempo na Europa e na China.
   iii) A acumulação primitiva de capital foi o ponto de partida para o surgimento do capitalismo europeu.

   A seguir, assinale a alternativa que apresenta as afirmativas corretas:

   a) I, II e III.
   b) Apenas I e II.
   c) Apenas II e III.
   d) Apenas I e III.

4. Sobre as instituições tais como descritas pelos seguidores da economia institucional, explique como elas podem influenciar positivamente as transações entre as empresas.

5. A Constituição Federal de 1988, do ponto de vista econômico, tentou conciliar diferentes visões institucionais. Qual foi a intenção do texto da Constituição, no que diz respeito à intervenção do Estado na economia?

Capítulo 2
O Estado e a sociedade

Conteúdos do capítulo:

- Conceito de *sociedade*.
- Conceito de *Estado*.
- Os três poderes.
- Formas e sistemas de governo.

Após o estudo deste capítulo, você será capaz de:

1. entender o que é uma sociedade;
2. definir os elementos constitutivos do Estado;
3. compreender as teorias contratualistas;
4. apontar as estruturas políticas do Estado Moderno.

A existência de Estados não é necessariamente natural. Na verdade, pensadores marxistas e anarquistas defendem o fim do Estado. Mesmo entre os liberais, defensores do livre comércio e da livre iniciativa, existem aqueles que combatem o Estado, como um obstáculo ao desenvolvimento humano. Ainda, os formatos do Estado variam enormemente entre as diferentes correntes políticas: Estado mínimo para uns, intervencionista para outros.

Obviamente, tudo isso é de grande interesse para os empreendedores, que precisam compreender as instituições que predominam na nossa sociedade. Ademais, atrás da figura do Estado estão o Poder Legislativo, responsável pelas normas que regem nossa sociedade; o Poder Judiciário, que pacifica os conflitos e evita as vinganças privadas; e o Poder Executivo, que aplica as leis e administra o Estado.

Essas discussões, além de aprofundar temas vistos no capítulo anterior, permitirão que você compreenda melhor as questões debatidas nos capítulos seguintes.

(2.1)
A SOCIEDADE

Howard Becker (2009, p. 17) fez uma observação que bem se aplica a todos os empreendedores:

> *Precisamos saber, na base mais rotineira e da maneira mais comum, como nossa sociedade funciona. Que regras governam as organizações de que participamos? Em que padrões rotineiros de comportamento outras pessoas se envolvem? Sabendo essas coisas, podemos organizar nosso próprio comportamento, aprender o que queremos, como obtê-lo, quanto custará, que oportunidades de ação várias situações nos oferecem.*

Ao conhecer a sociedade em que vivemos, ao refletirmos profundamente sobre ela, habilitamo-nos a fazer planos mais complexos e a tomar decisões profissionais baseadas na realidade.

Construir um conceito para o termo *sociedade* não é simples. Muitos autores, ao se debruçarem sobre o tema, evitam se arriscar em uma definição. Na origem, a palavra era usada para designar grupos de pessoas que tinham alguma afinidade, como uma sociedade literária ou científica. Do ponto de vista das ciências sociais, a sociedade pode ser definida sob ângulos muito diferentes, levando em conta níveis tecnológicos, econômicos ou políticos. Assim, podemos falar em sociedade feudal, sociedade pré-capitalista, sociedade industrial etc. Do ponto de vista geográfico, falamos em sociedade brasileira, japonesa etc.

A sociedade seria, assim, uma população, um conjunto de indivíduos que compartilham certos valores e costumes, "que definem seus padrões de comportamento, convivência e identidade cultural" (Sandroni, 1999, p. 569). Ao longo da história, os modos de produção usados por dada população também ajudam a compor essa definição.

Giddens e Sutton (2016, p. 37, grifo do original) definem o termo de uma forma mais ampla: "Conceito usado para descrever as instituições e relações sociais estruturadas entre uma grande **comunidade** de pessoas que não pode ser reduzida a um mero acúmulo ou agregação de indivíduos".

Por seu lado, Émile Durkheim (citado por Giddens; Sutton, 2016, p. 38), nos primórdios da sociologia moderna, entendia a sociedade como "uma realidade independente que existe *sui generis*, ou 'em seu próprio direito', e que exerce uma profunda influência sobre os indivíduos dentro de um território restrito". Porém, atualmente, com a globalização, a questão territorial vem sendo questionada. A sociedade estaria se tornando global.

O conceito de sociedade também tem efeitos no campo ideológico. Existe, por exemplo, a visão organicista da sociedade. Para os organicistas, a sociedade é um grande corpo em que cada um de nós deve desempenhar o seu papel, segundo o que nos foi destinado, em prol da vida do todo. Tal visão tem origem em Aristóteles (citado por Bobbio, 2013, p. 46), segundo o qual "a cidade é, por natureza, anterior ao indivíduo". A individualidade é, sob esse ponto de vista, suprimida em favor do corpo social, pois não se enxerga fronteira entre as esferas privada e pública.

A sociedade, como população que ocupa determinado território, pode criar um ente político: o Estado. Conforme Fiuza e Costa (2010, p. 44): "Das várias formas de sociedade, a sociedade política destaca-se porque objetiva integrar todas as atividades sociais que ocorrem em seu âmbito, coordenando-as em função de um fim comum".

(2.2)
O CONCEITO DE ESTADO MODERNO

Os administradores de empresas estão acostumados a atuar no mercado. No Brasil, as pessoas jurídicas de direito público – a União Federal, os estados, os municípios e o Distrito Federal – têm um peso gigantesco no funcionamento do mercado. Boa parte do orçamento bilionário dos entes públicos é usada para pagar por produtos e serviços oferecidos pela iniciativa privada. Mas não é apenas isso, o Estado brasileiro é um ator especial do mercado, porque ele edita regras que influenciam as atividades econômicas e pode nos coagir a obedecê-las, inclusive por meio da força (Mackaay; Rousseau, 2015, p. 153).

A palavra *Estado* costuma ser empregada de duas formas bem diferentes. Tanto serve para descrever o "aparelho burocrático de gestão dos interesses coletivos" (Bourdieu, 2014, p. 64), quanto para indicar o "âmbito em que a autoridade desse aparelho se exerce" (Bourdieu, 2014, p. 64). Trataremos, a seguir, do Estado na segunda acepção.

Praticamente toda a população mundial vive dentro dos limites de Estados soberanos, reconhecidos internacionalmente por outros Estados, cada um com o seu próprio governo e suas próprias leis. Sabemos, por exemplo, que França, Índia e México são Estados. Então, o que define o Estado? Oreste Ranelletti (citado por Fiuza; Costa, 2010, p. 21-22) assim o conceitua: "O Estado é um povo fixado em um território e organizado sob um poder de império, supremo e originário, para realizar, com ação unitária, os seus próprios fins coletivos". Nesse conceito, aparecem os três elementos essenciais de um Estado: **povo**, **território** e **poder soberano**.

O termo *povo* deve ser empregado com cuidado, pois é um conceito jurídico, que estabelece um vínculo de nacionalidade e cidadania. A expressão mais adequada seria *população*, que inclui todos os sujeitos que, vivendo no território de um país, submetem-se à sua ordem jurídica. Isso inclui os estrangeiros que nele residem.

A população de um país pode fazer parte de uma mesma nação, ou seja, pode ser formada por pessoas que compartilham a mesma história, os mesmos valores culturais e, geralmente, o mesmo idioma.

O Brasil, embora tenha sido constituído por povos das mais diversas etnias, com diferentes idiomas, religiões e antecedentes históricos, parece ter se fundido em uma única nação. Apresenta peculiaridades regionais, diferentes variações da língua portuguesa e, até mesmo, povos indígenas que vivem em relativo isolamento. Contudo, esses aspectos enriquecem a cultura brasileira, sem criar tensões relevantes nem enfraquecer a identidade nacional. As referências aos movimentos voltados à independência política de regiões do Brasil são muito raras e não gozam de apoio da população ou dos partidos políticos.

Por outro lado, em muitos casos, deparamo-nos com Estados estrangeiros cuja população é formada por vários povos, de várias nações. Esse é o caso, por exemplo, da Rússia, da China, da Espanha e da Bélgica.

A Bélgica, embora seja um país pequeno (30.528 km²), rico e pacífico, enfrenta várias crises políticas relacionadas aos desentendimentos entre os flamengos (60% da população) e os valões (40%), povos que falam idiomas diferentes (Erdbrink, 2016; Connaître..., 2018). Basta dizer que o país não tem partidos de âmbito nacional. Existe, por exemplo, um partido socialista de língua francesa na Valônia e um partido socialista de língua flamenga ao norte. Assim, além dos desacordos que normalmente existem entre as ideologias, os partidos também se desentendem em virtude de nacionalismos conflitantes. Em razão disso, entre 2010 e 2011, a Bélgica ficou 541 dias sem primeiro-ministro, ante a impossibilidade de se formar uma maioria no parlamento, um recorde mundial (Deutsche Welle, 2011).

Há também outra situação curiosa: a de nações que se encontram separadas por fronteiras internacionais. Por vezes, tais nações são desprovidas de Estado. É o caso do povo basco, que, contando com 2,5 milhões de pessoas, não tem um Estado próprio, e sua população se divide entre as soberanias da França e da Espanha. O mesmo acontece com os curdos e muitas nações africanas.

Outro termo relacionado ao conceito de Estado, *território* diz respeito ao espaço geográfico sobre o qual o Estado exerce (ou deveria exercer) a sua soberania. Diz-se que um Estado é soberano quando não há ente superior a ele na ordem internacional e, ao mesmo tempo, ele é capaz de exercer sua autoridade suprema sobre o grupo de pessoas que vive em seu território. Segundo Morris (2005, p. 67): "As fronteiras do Estado – os seus limites – criam um 'interior' e um 'exterior'. O que acontece no 'interior' é atribuição do Estado;

nenhuma autoridade 'exterior' tem jurisdição ali, pelo menos sem aquiescência dele".

No passado, a soberania era atribuída aos reis, aos soberanos. Nos dias de hoje ainda temos a Arábia Saudita, cujo nome faz referência direta à família Al-Saud, que governa o país desde a sua fundação, em 1926. O Estado moderno, por outro lado, é impessoal e visa à eternidade.

O território deve ser bem definido, para que cada pessoa saiba a que leis está submetida. As fronteiras definem "os limites do poder estatal, além de dar estabilidade às relações jurídicas" (Fiuza; Costa, 2010, p. 28). Além do solo, o território também inclui outros elementos, como as águas internas, o espaço aéreo, o subsolo e o mar territorial.

Por fim, o poder soberano é fundamental para a identificação de um Estado. Trata-se do governo, considerado um elemento formal ou abstrato, contrastando com a materialidade do território e de sua população. Sendo abstrato, para existir como força, ele deve residir na mente de seu povo (Fiuza; Costa, 2010). O poder soberano manifesta sua existência na aceitação do povo quanto aos atos dos governantes, bem como no reconhecimento das normas que emanam dos legisladores e das decisões dos magistrados.

Alguns Estados contemporâneos se encontram na difícil circunstância de não serem capazes de controlar seus territórios, tampouco de manter um governo reconhecido por toda a população. Somália e Líbia, além do norte do Iraque e do norte da Síria são exemplos de regiões que, nos últimos anos, foram politicamente esfaceladas e são governadas, de fato, por grupos que têm pouco ou nenhum respaldo internacional. Em 2017, o norte do Iraque, embora formalmente submetido ao governo de Bagdá, era governado pela minoria curda que, inclusive, tinha seu próprio exército. Não longe dali, o autoproclamado Estado Islâmico ocupou a cidade iraquiana de Mossul durante três anos, além de boa parte do norte da Síria.

Por outro lado, a valorização da soberania, aspecto-chave no passado, começou a ser repensada. O foco de estudo sobre o enfraquecimento do conceito de soberania tem sido a União Europeia, entidade que abriga 28 países e que define uma série de normas de emprego geral. O Parlamento Europeu, com o Conselho da União Europeia, elabora novas legislações – nas áreas de agricultura e de política econômica, por exemplo –, as quais devem ser seguidas por todos os países-membros. Isso, naturalmente, limita as atribuições legislativas dos parlamentos dos países-membros.

No caso da União Europeia, portanto, os países-membros têm renunciado voluntariamente a uma parte da sua soberania, em troca do fortalecimento de interesses comuns. Os defensores do bloco sustentam que "a forma como a União equilibrará os interesses nacionais com a proteção do interesse comum determinará em grande medida a sua *actorness, i.e.*, a sua capacidade de afirmação como uma potência globalmente importante" (Silveira; Canotilho; Froufe, 2016, p. 1188).

Sob outro prisma, alguns sociólogos vêm alertando que, nesta era de globalização, forças sociais supranacionais vêm minando a capacidade de muitos Estados de determinar seus próprios futuros. Grandes corporações internacionais atravessam fronteiras, buscando fontes de mão de obra barata e ambientes econômicos subsidiados. Outra dessas forças são os grupos terroristas, com células em vários países, que somente poderão ser derrotados se houver cooperação internacional. Tudo isso ocorre, portanto, acima do nível do Estado-nação (Giddens; Sutton, 2016).

Na Idade Média também havia Estados, mas não como eles se apresentam atualmente. Os limites dos territórios não eram muito claros e tanto os senhores feudais quanto as cidades gozavam de grande autonomia. Por vezes, desafiavam os reis e até se aliavam a potências estrangeiras para enfraquecer o monarca. As leis da Igreja eram tão importantes quanto as leis locais, e os tribunais eclesiásticos funcionavam em paralelo com a quase ausente justiça do reino. O Estado moderno, que acabamos de descrever (com população, território e governo), foi construído a partir do século XVI e, para ser aceito, precisou de uma sólida base filosófica. É disso que trataremos a seguir.

(2.3)
JUSTIFICANDO O ESTADO NA TEORIA POLÍTICA MODERNA

Conhecemos as origens dos Estados modernos. Por exemplo, o Brasil foi colônia de Portugal e declarou sua independência em 1822. O Reino Unido, por outro lado, nasceu da união dos reinos da Inglaterra e da Escócia com o País de Gales e a Irlanda. Tais fatos históricos são bem conhecidos. No entanto, não sabemos ao certo como surgiram os primeiros Estados.

Conhecer as razões que levaram à formação da entidade *Estado*, há milhares de anos, pode parecer uma curiosidade sem importância. Contudo, por trás da criação em si, existe a sua justificativa: por que as sociedades se organizaram em Estados? Certamente, não há uma resposta única a esse questionamento. Porém, as várias teorias criadas para explicar o fenômeno foram usadas, por vezes de forma maliciosa, para justificar decisões políticas importantes – como o aumento do poder dos reis – e influenciaram a vida das diferentes sociedades, com reflexos até os dias de hoje.

Na Antiguidade, havia algumas explicações míticas sobre a criação dos mais diferentes Estados. O Estado espartano, por exemplo, teria sido obra de um sábio legislador, chamado Licurgo, no século VIII a.C.

Para os espartanos, foi ele o responsável por criar uma sociedade política baseada na austeridade, na equidade entre os cidadãos e no preparo dos indivíduos para a guerra, desde a infância.

O respeito de que a figura de Licurgo desfrutava na sociedade espartana contribuiu para que suas leis fossem tratadas como perfeitas e imutáveis, durante centenas de anos. Esse fato conferiu grande estabilidade à sociedade espartana, mas também cristalizou suas desigualdades sociais e a levou à destruição. Outros entes políticos remetiam a criação de seus Estados à iniciativa de deuses, guerreiros e uniões entre tribos. Todas essas explicações tinham, na prática, uso político e ajudavam a formar a ideologia dominante em cada entidade política (cidade-Estado, reino, império etc.). Contudo, o que nos interessa neste momento são as teorias que surgiram na Idade Moderna (1453-1789) e que consolidaram a base filosófica para os Estados modernos.

Durante a Idade Média, como discutimos, a Igreja Católica tinha enorme influência política sobre os diferentes povos da Europa. A soberania dos reis ficava, frequentemente, abaixo da influência do papa, cujas decisões podiam, até mesmo, garantir ou retirar as coroas dos monarcas, assim como declará-los heréticos, lançando o povo contra eles. Os conflitos entre o Papa Inocêncio IV e o imperador Frederico II, no século XIII, são um exemplo disso. Vários monarcas daquela época foram excomungados pelos papas, ou seja, expulsos da religião cristã, por se oporem aos interesses ou dogmas da Igreja. Por essa razão, as teorias políticas dessa época eram, basicamente, teocráticas[1] (Chaui, 2010, p. 458). Para garantir a estabilidade do reino, o monarca precisava fazer crer que o seu poder provinha de Deus.

---

1   O poder teocrático é aquele que vem de Deus "e Dele vem aos homens por Ele escolhidos" (Chaui, 2010, p. 453).

Com o avanço da ciência e o resgate de certos valores da cultura clássica – isto é, de Roma e da Grécia –, a Europa, no final do século XIV, foi transformada por um movimento cultural que ficou conhecido como Renascimento ou Renascença. Ressurgiu, assim, a mitologia antiga, não como objeto de culto, mas como valor estético. Corpos nus passaram a ser retratados, fazendo referências diretas aos deuses e heróis da Antiguidade. Tendo surgido na Itália, esse movimento gerou profundos reflexos políticos, na medida em que colocou o homem e a razão como os focos da transformação social.

Um dos símbolos do Renascimento no campo da política, é o italiano Nicolau Maquiavel, autor de um dos livros mais conhecidos do mundo: *O príncipe*, de 1513 (Machiavel, 1980). Ao contrário de outros autores da época, como Thomas More, Maquiavel não imagina um Estado perfeito, utópico. Sua visão política é baseada na imperfeição da natureza humana. Deixando a religião de lado, ele sugere algumas condutas que deveriam ser tomadas por todos os príncipes (governantes). O governante ideal abordado em *O príncipe* é capaz de atitudes cínicas e até cruéis, o que deu origem à palavra *maquiavélico*. Embora o foco do filósofo renascentista fosse a Itália, que ele desejava ver fortalecida e unida, sua narrativa realista e prática fez de sua obra uma das mais importantes já lançadas e das mais lidas até os dias atuais.

O maquiavelismo fica visível em frases como esta: "Nasce assim uma controvérsia: Mais vale ser amado ou temido? Eu respondo que seria necessário conseguir as duas coisas. Mas como é bem difícil de conjugá-las, é muito mais seguro ser temido do que amado, quando se é obrigado a escolher uma destas coisas" (Machiavel, 1980, p. 104, tradução nossa).

A partir do Renascimento, começou-se a perceber que os preceitos religiosos não mais poderiam reprimir, pela coerção e pela repressão, as paixões destrutivas dos homens (Carnoy, 2008). Obviamente, isso não ocorreu de uma hora para outra.

Por outro lado, ao diminuir-se a influência da religião, abria-se caminho para aumentar o poder dos reis, principalmente a partir da Reforma protestante, ocorrida em 1517, quando a liderança religiosa de Roma se encontrava enfraquecida e vários chefes de Estado abandonaram o catolicismo. Na Inglaterra, inclusive, o Rei Henrique VIII chegou a criar sua própria denominação cristã: a Igreja Anglicana, em 1534. Com isso, a Coroa inglesa pôde se apoderar dos bens da Igreja Católica naquele país.

Diante de todas essas transformações institucionais, era preciso encontrar explicações mais lógicas, concretas e humanísticas para justificar a existência do Estado e o poder dos reis. Sem abandonar totalmente o aspecto religioso, deu-se força à noção de *bem comum*.

Questão para reflexão

Muitas ações políticas e, até mesmo, revoluções armadas são empreendidas em nome do bem comum, ou dos interesses dos povos. Será que a noção de *bem comum* é tão forte quanto foi, no passado, a noção de *vontade de Deus*? Observe que, nos dois casos, buscava-se justificar um dado comportamento pela existência de uma verdade ou força que seriam indiscutíveis, irrefutáveis.

Enquanto a Igreja perdia influência política, grandes transformações tecnológicas ajudaram a enfraquecer a sociedade e o sistema econômico feudal. As rodas hidráulicas herdadas da Antiguidade foram aprimoradas e, além de serem usadas para "moer cereais, passaram a acionar os foles das forjas, triturar os minerais, forjar o ferro, pisotear os panos e serrar a madeira" (Abramson; Gurevitch; Kolesnitski, 1978,

p. 15). Com o comércio, as matérias-primas começaram a chegar de outros países, e os produtos manufaturados foram sendo, cada vez mais, levados para longe, graças à intermediação dos comerciantes. Vidros de Veneza, lã da Inglaterra e tecidos de Florença cruzavam os mares e ajudavam vários homens a acumular capitais consideráveis, que viriam a ser investidos na criação de novas manufaturas. Desse modo, as cidades ficaram mais ricas, levando a **burguesia** a aumentar a sua influência e seu poder econômico, em detrimento dos nobres.

As relações de trabalho também se transformaram. A pequena propriedade rural e os artesãos independentes perderam terreno, os meios de produção foram transferidos para os empresários de então, enquanto alastrou-se o modo de trabalho assalariado. Era o nascimento do capitalismo.

Os burgueses, contudo, sentiam-se desfavorecidos pela fragmentação dos reinos em feudos. Isso porque cada feudo tinha as próprias regras e os próprios tributos e enfrentava dificuldades em garantir a segurança das estradas por onde poderiam passar as novas rotas comerciais. A solução para esse problema estava em fortalecer os reis, criando um Estado forte, sem feudos e com leis uniformes. Assim, com a ajuda dos recursos financeiros oferecidos pela burguesia, os monarcas puderam enfrentar os senhores feudais. Para tanto, contaram com outra tecnologia recente: o canhão. Graças à pólvora e aos canhões, as muralhas dos castelos medievais podiam ser rompidas em poucos dias ou até em poucas horas. Era o fim da Idade Média, que convencionamos datar em 1453. A transição, contudo, foi bastante lenta, e durante muito tempo o modo de produção feudal coexistiu com o capitalismo em ascensão.

Portugal, por um caminho muito peculiar, foi um dos primeiros Estados modernos da Europa, o que lhe permitiu se lançar para além do território europeu, dando início às Grandes Navegações que levaram seus navios a circundar a África, chegando até a Índia, a China e o Japão. Espanha, França e Inglaterra, algumas décadas depois, também alcançariam razoável unidade política para implantar um tipo de regime monárquico que ficou conhecido como **absolutismo**.

No absolutismo, o rei era a representação do próprio Estado. Ele personificava a soberania do país e detinha, teoricamente, autoridade total sobre ele. Sobre esse sistema político, Souza (2002, p. 68-69) comenta:

a essência do absolutismo implicava em conceder ao titular do poder um status acima de qualquer exame por parte de outro órgão, fosse ele judicial, legislativo, religioso ou eleitoral. Eis o papel saneador do absolutismo: centralizar poder nas mãos do rei, com vistas a criar uma administração nacional, financiada por tributos nacionais, recolhidos por uma burocracia nacional. Atenuando os privilégios fiscais da Igreja e da nobreza, rompendo as barreiras das regiões autônomas, demolindo corpos legislativos locais e unificando o judiciário, o Estado deveria se tornar mais simples e mais eficiente.

Em meio a esse processo, os reis dos séculos XV e XVI precisaram constituir exércitos permanentes e cobrar tributos regulares. Mas como legitimar o poder dos reis, impondo-o sobre a influência moral dos nobres e da Igreja?

Foi nesse contexto que, a partir do século XVI, surgiram as **teorias contratualistas**. Os contratualistas partem da hipótese de que, no início, os seres humanos viviam em um estado de natureza, pré-político. Nessa hipótese, sem base científica, imaginou-se que durante o estado de natureza, não havia um poder que controlasse os indivíduos, nem lei, nem coação.

Para Thomas Hobbes (1588-1679) e Baruch de Spinoza (1632-1677), naquele tempo, as pessoas viviam em constante conflito, no meio do mato, sem leis, inseguras e dominadas pelas paixões. O homem era o **lobo do homem**, experimentando uma existência "solitária, pobre, sórdida, brutal e breve" (Hobbes, citado por Heywood, 2010, p. 49). Muitos desejavam sair dessa condição de intranquilidade permanente, mas, ao mesmo tempo, queriam preservar sua liberdade de fazer qualquer coisa, conforme seus próprios juízos.

Os contratualistas especulavam que, diante desse conflito interno, as pessoas teriam preferido renunciar a uma parcela de sua liberdade em favor de um príncipe. O soberano, então, ao submeter as vontades humanas ao seu poder, colocaria fim ao estado de guerra civil e de violência. Assim, ele assumiria o monopólio do uso da violência, além do poder de ditar as regras a serem seguidas por todos. Desse modo, foi por meio de uma escolha livre e espontânea que, em um momento hipotético, optou-se pelo estabelecimento de um **contrato social**, mediante o qual as pessoas abriram mão de uma parte considerável dos seus direitos naturais em favor de um líder que passaria a governá-las. Na mente desses sujeitos, segundo Hobbes, estaria a certeza de que "a sujeição é melhor do que a guerra civil (a morte)" (Carnoy, 2008, p. 26). Segundo essa concepção, o poder do monarca não era proveniente de Deus, mas sim de cada homem, de cada soberania individual (Fiuza; Costa, 2010).

Na visão de Hobbes, expressa na obra *Leviatã*, de 1651, tal sujeição não seria tirânica, uma vez que "não seria do interesse do soberano fazer isso a seus súditos porque a força do soberano provém do vigor dos súditos" (Carnoy, 2008, p. 26). Ademais, ao exigir obediência incondicional dos governados, o monarca deveria garantir-lhes "dois direitos naturais intransferíveis: o direito à vida e o direito à paz" (Chaui, 2010, p. 466). Dadas as dimensões dos direitos renunciados em favor do Estado, Hobbes é apontado como um dos teóricos do Estado absolutista e de todo Estado totalitário.

John Locke (1632-1704), outro filósofo contratualista, admite ter havido um estado de natureza, porém, menos violento do que o descrito por Hobbes. Para Locke, tal estado refletia uma situação de liberdade e de igualdade. Contudo, faltavam leis estabelecidas e respeitadas por todos, juízes imparciais e um poder com autoridade para fazer cumprir as leis e as decisões dos juízes (Chevallier, 1976). Por isso, para ele as pessoas deram origem à sociedade e ao Estado de forma consensual.

Por conseguinte, Locke apresenta uma visão bem diferente quanto à natureza do governante que surgiu após o advento do contrato social. O filósofo inglês refuta a validade de uma monarquia absoluta, contrária aos interesses da sociedade. Afinal, por que o homem, nascido livre, aceitaria um governo que o coloca em situação pior que aquela do estado de natureza?

Os indivíduos, ao firmarem o contrato social, abandonaram o direito de fazer justiça com as próprias mãos para – sob a proteção do Estado – dedicar-se às suas habilidades pessoais, como agricultura, tecelagem, comércio etc. Eles não cederam seus direitos a um tirano, mas a um grupo que solucionaria os conflitos, com base nos costumes do próprio grupo (Fiuza; Costa, 2010). Os homens conservaram seus direitos naturais fundamentais – vida, propriedade e liberdade –, ao passo que os governantes passaram a ter seus poderes limitados. Conforme Carnoy (2008, p. 29), o poder lhes é conferido "somente enquanto eles cumprirem a sua função protetora, governando com justiça".

As ideias de John Locke remetem à existência de um Parlamento, ao qual o monarca deveria submeter-se. Essa ideia não chegou a ser totalmente original, pois, ao longo de sua vida, o filósofo pôde acompanhar o poder dos reis ingleses sendo paulatinamente reduzido perante o Parlamento do seu país. Ainda assim, suas ideias ajudaram a fundamentar o **liberalismo econômico**, como analisaremos mais adiante nesta obra.

Por fim, ainda entre os contratualistas, é preciso mencionar Jean-Jacques Rousseau (1712-1778). Sua visão do estado de natureza era ainda mais otimista que a de Locke. Nesse estado, para Rousseau, as pessoas viviam isoladas, porém, vivenciando a felicidade original, na condição de bons selvagens inocentes. A felicidade original terminou quando surgiu a propriedade privada, causadora de atritos e desigualdade entre os homens (Chaui, 2010, p. 464). Rousseau nasceu na Suíça, mas passou sua vida na França, em pleno absolutismo monárquico. Segundo o que seus olhos observavam, as pessoas não tinham condições para alcançar todo o seu potencial. A hierarquia social do seu tempo, para ele, multiplicava as injustiças.

Com a criação do Estado, o ser humano, nascido livre, viu-se acorrentado. Assim, seria a vontade geral a responsável por conduzir as forças do Estado, criando o poder político e as leis. Para Rousseau, na sociedade ideal, cada um deveria renunciar aos próprios interesses em favor do bem comum. Entre tais renúncias, ele inclui a negação do direito de propriedade (Streck; Morais, 2001). Rousseau foi, assim, uma das figuras que inspirou o **socialismo utópico**[2].

---

2   Os socialistas utópicos acreditam ser possível construir uma sociedade socialista por meios pacíficos.

Questão para reflexão

O conceito de propriedade privada da terra, tão comum para nós, merece ser confrontado com as instituições de outros povos. Para não nos limitarmos à visão europeia, analisemos o relato curioso de um africano – Amadou Hampâté Bâ – sobre a vida de sua mãe (Kadidja), no atual Mali, no início do século XX. Ele fala de um vale cujo chefe local tinha função ritual de "chefe da terra", que "o habilitava a realizar sacrifícios aos espíritos da terra, para que os homens pudessem explorá-la sem danos" (Hampâté Bâ, 2003, p. 103). Relata Amadou:

> *Kadidja pedira ao chefe Tiemokodian um lote de terra ao pé da colina, para ali construir habitações e fazer uma pequena plantação. Tiemokodian respondeu a minha mãe que a Terra-Mãe pertencia a Deus e aos ancestrais e que era por demais sagrada para pertencer a quem quer que fosse; não era possível ceder uma 'propriedade'. Por outro lado, nenhum "mestre da terra" podia proibir o uso a quem quisesse cultivar uma parcela inexplorada. Bastava "pagar o costume", que consistia em dez nozes-de-cola, um recipiente cheio de tabaco para mascar ou de inalar, sete côvados de tecido de algodão branco, um frango e um pedaço de sal-gema. Kadidja pagou o exigido, o que lhe deu direito de escolher o terreno que lhe convinha e, após a cerimônia ritual celebrada por Tiemokodian, também a explorá-lo, não a título de "propriedade", mas como uma espécie de usufruto.* (Hampâté Bâ, 2003, p. 104)

Sendo assim, podemos afirmar que a propriedade privada da terra é um conceito jurídico universal? Reflita com base no texto de Amadou Hampâté Bâ e nos diferentes modelos econômicos estudados até este ponto do texto.

Em resumo, os filósofos contratualistas acreditavam que os homens, no passado, viveram em um estado de natureza, sem reis e sem leis. Também acreditavam que, em dado momento, realizaram um contrato social que deu origem à sociedade civil e ao Estado. Contudo, tinham visões bem diferentes sobre o conteúdo desse contrato e, até mesmo, sobre o estado de natureza. Como mencionamos anteriormente, essas diferentes visões surtiram grande efeito prático, pois ajudaram a legitimar variados modelos de Estado: o absolutismo monárquico dos séculos XVII a XVIII (Hobbes), o Estado liberal (Locke), o socialismo e a social democracia (Rousseau). Cada um desses filósofos foi fruto do seu tempo. Assim, se nos parece que escreveram olhando para o futuro, é certo que não deixaram de considerar o passado.

De todo modo, até os dias atuais muito se discute sobre a origem do Estado. Alguns teóricos sugerem teorias baseadas na violência e na opressão.

O polonês Ludwig Gumplowicz (1838-1909) e o tcheco Karl Kautsky (1854-1938) imaginaram um modelo em que povos dedicados à agricultura se tornariam tão ligados à terra que perderiam suas habilidades de guerra. Com isso, acabaram sendo subjugados por povos nômades que estavam habituados a caçar e a guerrear com outros grupos em terras nas quais os recursos eram escassos. Seguindo essa linha, os guerreiros invasores formariam a classe dominante, cobrando tributos dos agricultores subjugados, em troca de proteção contra outras tribos hostis (Kautsky, 1994).

O sociólogo alemão Franz Oppenheimer (1864-1943) também desenvolveu uma teoria semelhante e que, além de tentar explicar a origem do Estado, buscou esclarecer a origem da propriedade privada. O sociólogo afirma que, para os nômades, os bens do grupo pertencem à coletividade. Porém, ao pilharem outros povos, dotados de bens raros, passam a ter a preocupação em manter aquilo que foi obtido à custa de sangue. O bem raro não pode ser compartilhado e se torna, assim, propriedade exclusiva (Oppenheimer, 2014).

As visões de Gumplowicz, Kautsky e Oppenheimer encontram paralelo histórico com a origem de algumas sociedades. No entanto, não explicam tudo.

> **Para saber mais**
>
> OS DEUSES devem estar loucos. Direção: Jamie Uys. África do Sul, 1980. 109 min.
>
> Assista a essa comédia sul-africana e descubra o que acontece quando uma tribo isolada encontra uma garrafa de Coca-Cola pela primeira vez! O filme traz importantes contribuições para compreendermos um pouco mais sobre a origem da propriedade privada.

(2.4)
A NATUREZA DO ESTADO MODERNO

Como explicamos anteriormente, o lento ocaso do feudalismo coincide com o surgimento do Estado moderno. Quando Hobbes escreveu sua obra prima, *Leviatã*, em 1651, alguns países já haviam feito essa transição.

O Estado absolutista era o modelo político mais marcante quando Hobbes escreveu sua obra prima. Contudo, esse tipo de Estado nunca se alastrou por toda a Europa. Havia várias nuances sutis entre as monarquias: A Inglaterra, por exemplo, após experimentar esse modelo estatal, acabou se destacando pela existência de um parlamento forte – conforme veremos quando abordarmos o liberalismo econômico.

Os Estados soberanos evoluíram ao longo dos séculos, adotando novas instituições e influenciando uns aos outros no que se refere à estrutura política, assim como à adoção de direitos e garantias individuais. É interessante observar que, em quase todos os países do mundo – apesar das diferenças culturais –, a administração do Estado é exercida por um presidente da República, por um primeiro-ministro ou por um monarca.

E as semelhanças não se encerram aí; os países também se assemelham quanto à aplicação da justiça. Como disse Max Weber (2004, p. 67), é "próprio de nossa época o não reconhecer, em relação a qualquer outro grupo ou aos indivíduos, o direito de fazer uso da violência, a não ser nos casos em que o Estado o tolere: o Estado se transforma, portanto, na única fonte do 'direito' à violência".

O fato é que, nos dias de hoje, com o fluxo de informações fornecido pelas novas tecnologias, o Estado não pode existir sem uma finalidade. Em geral, sua existência somente se justifica se ele tem condições de colaborar de alguma forma para o desenvolvimento e a proteção da sociedade que o constituiu.

Georg Hegel (1770-1831), ilustre filósofo alemão, assim como Locke e Rousseau, entendia o Estado como o "responsável pela representação da 'coletividade social', acima dos interesses particulares e das classes, assegurando que a competição entre os indivíduos e os grupos permanecessem em ordem, enquanto os interesses coletivos do 'todo' social seriam preservados nas ações do próprio Estado" (Carnoy, 2008, p. 67). O Estado serviria, igualmente, para cuidar de questões sensíveis que não são do interesse da iniciativa privada.

Os mecanismos para alcançar a finalidade do Estado são bastante subjetivos. Uns compreendem que o desenvolvimento depende de uma forte intervenção do Estado na economia; outros opinam que a livre iniciativa, auxiliada por uma expressiva redução de tributos, é capaz de dar ao povo a abundância e o conforto almejados. Mas a questão está muito além do que sugere uma mera discussão sobre planos econômicos.

O Estado brasileiro, por exemplo, inclui entre seus objetivos fundamentais expressos no art. 3º da Constituição Federal:

Art. 3º [...]
I – construir uma sociedade livre, justa e solidária;
II – garantir o desenvolvimento nacional;
III – erradicar a pobreza e a marginalização e reduzir as desigualdades sociais e regionais;
IV – promover o bem de todos, sem preconceitos de origem, raça, sexo, cor, idade e quaisquer outras formas de discriminação. (Brasil, 1988)

Desde a Revolução Francesa (1789), os objetivos estatais têm sido também relacionados à defesa de direitos e garantias fundamentais. A cada geração, novos direitos vêm sendo reconhecidos e adotados pelas sociedades, com o aval do Estado: igualdade; liberdade de expressão, consciência e crença religiosa; inviolabilidade do lar; intimidade; sigilo de correspondência; livre exercício de qualquer trabalho; liberdade de locomoção etc. Para quem já esteve em países totalitários, essas questões que parecem tão básicas valem ouro.

Recorramos à igualdade como exemplo de direito a ser garantido pelo Estado. O que seria a igualdade? Poderia o conceito por trás desse termo dizer respeito apenas à igualdade perante a lei? Rousseau, no século XVIII, apontou a existência de uma desigualdade moral ou política "proveniente de certos privilégios de que alguns gozam sobre outros, seja por serem mais abastados ou, ainda, mais poderosos e prestigiados" (Nicz, 2013, p. 10). Em essência, essa realidade não mudou muito desde então. O pensamento é que a igualdade a ser buscada pelo Estado é muito mais ampla que aquela meramente formal, que se encontra na lei. Assim, o Estado se justifica se ele busca a igualdade de oportunidades, concretizando um projeto de justiça social.

O que nos importa por ora é que, de uma forma ou de outra, o Estado precisa estar em constante evolução, otimizando sua estrutura e, em certas sociedades, ampliando suas funções.

Contudo, para alguns, o Estado é uma entidade basicamente negativa. Para o filósofo alemão Karl Marx (1818-1883), a sociedade molda o Estado e, por sua vez, é moldada pelo modo de produção vigente – que, no caso atual, é o capitalismo. Sendo a sociedade capitalista, na visão de Marx, uma sociedade de classes, o Estado seria o instrumento essencial para a manutenção dessa realidade. Daí por que ele previu o desaparecimento do Estado após o estabelecimento do comunismo. No comunismo, além do fim do Estado e das classes sociais, haveria a abolição da propriedade privada dos meios de produção e a distribuição igualitária dos bens produzidos pela sociedade (Sandroni, 1999).

Embora alguns países tenham sido governados por regimes tomados como *comunistas*, durante várias décadas, nunca chegaram a alcançar a etapa do fim do Estado. Ao contrário, ocorreram experiências políticas caracterizadas por Estados fortes e onipresentes, e a antiga União Soviética é um exemplo eloquente disso.

Outra crítica que se faz ao Estado envolve os seus mecanismos de decisão na busca pelo bem comum. Nesta linha de pensamento, a condução das políticas públicas acaba sendo influenciada pelos interesses de inúmeros atores individuais. Entre tais atores encontramos, além dos eleitores e titulares de cargos eletivos, os funcionários integrantes da burocracia estatal e os diferentes grupos de pressão que atuam na sociedade (empresas privadas, associações, sindicatos etc.).

De acordo com Mackaay e Rousseau (2015), os eleitores não se prendem à totalidade do programa político de um candidato, mas sim à candidatura que promete resolver um problema específico, como segurança pública ou saúde. O político eleito, por sua vez, dá ênfase aos projetos de curto prazo, que possam ser realizados – e inaugurados – durante sua gestão e financiados, para serem pagos pelo futuro governante. Os grupos de pressão prestam apoio político e financeiro a quem puder ajudá-los a resolver suas questões particulares. Por fim, os servidores públicos em cargos de direção buscam convencer os políticos de que seus departamentos ou secretarias são mais importantes que outros, pleiteando verbas orçamentárias adicionais. Somados todos esses vetores, forma-se a manifestação da vontade do Estado.

Desse modo, muitas vezes, o interesse coletivo de longo prazo acaba negligenciado. Nessa visão pessimista, os ocupantes dos cargos eletivos estariam mais preocupados com as próximas eleições que com as futuras gerações.

(2.5) A estrutura do Estado moderno

A partir dos eventos da Independência Norte-Americana (1776) e da Revolução Francesa (1789), o mundo testemunhou uma reestruturação total da ordem política ocidental que, em algumas décadas, levou à adoção de modernos modelos constitucionais em diversos países. Além do resgate dos valores democráticos, foi possível observar o surgimento de novos mecanismos, ainda hoje utilizados.

2.5.1 Regimes políticos

Quando examinamos, de forma sumária, as histórias da Antiguidade e da Idade Média, temos a impressão de que predominavam os **regimes monárquicos**, ou seja, o governo de um só sobre todos. Essa impressão se mantém quando levamos nosso olhar a todos os cantos do globo terrestre, durante os períodos citados. Houve monarquias na Europa, na Ásia, na África e nas civilizações pré-colombianas da América.

Contudo, quando observamos mais de perto a história dos primeiros Estados, percebemos que, em muitos deles, embora os reis alegassem ter ligações com um poder divino, precisavam submeter suas decisões a certos grupos, dotados de grande influência. Por vezes, esses grupos eram constituídos por assembleias de anciãos, sacerdotes, lideranças militares ou tribais. O monarca tinha, em princípio, o poder de mando. Mas a prudência, ou as instituições locais, faziam-no buscar o apoio de um grupo restrito de pessoas para suas principais decisões. Quando isso acontecia com frequência, o regime se tornava uma **oligarquia**, o governo de alguns (Chaui, 2010).

Roma, tanto no período republicano quanto no imperial, foi quase sempre uma oligarquia. Nela, as famílias aristocráticas (cujos membros eram os *patrícios*), faziam-se representar no Senado. A plebe, embora participasse da política – como já discutimos –, tinha influência limitada.

É sempre interessante lembrar que o Brasil foi uma monarquia durante 67 anos (de 1822 a 1889). Embora outras tentativas de monarquia tenham ocorrido nas Américas – o México é um exemplo –, o caso brasileiro foi o único regime estável desse tipo no continente. Parece consensual que a monarquia brasileira teve papel importante na manutenção da unidade política do país após a independência –

ao contrário do que aconteceu na América Latina de colonização espanhola, que, apesar dos esforços dos líderes Simón Bolívar e José de San Martín, fragmentou-se em diversas repúblicas.

Outro regime político que há muitos séculos se fez útil para a humanidade foi a **democracia**, o poder do povo. A democracia seria o resultado de um amplo feixe de instituições, das quais as mais importantes talvez sejam o voto popular, a liberdade de opinião e a liberdade de reunião. Embora Atenas seja referida como o *berço da democracia*, existem indícios de participação popular em outras sociedades antigas, inclusive anteriores à civilização grega. Porém, ao que parece, isso acontecia em situações excepcionais. Apenas para citar um exemplo, por volta de 3000 a. C., na cidade suméria de Uruk, a assembleia dos anciões e todos os cidadãos capazes de portar armas foi convocada para debater e votar a conveniência de declarar guerra à cidade de Kish (Kramer, 1994). Isso mostra que, já no início da história escrita, o poder da maioria, eventualmente, conseguia se impor.

Voltaremos a debater questões relacionadas à democracia quando analisarmos o Estado liberal.

A variedade dos regimes políticos, de acordo com o filósofo grego Aristóteles (2009), dependia de fatores produzidos pelas circunstâncias. Assim, por exemplo, ele considerava inviável manter uma democracia em um Estado com um grande território. Considerando os mecanismos de democracia direta da Atenas do século V a.C., ele tinha toda a razão.

Ainda hoje, nem todos os países do globo conseguiram instalar e manter regimes verdadeiramente democráticos, e esse é um problema institucional. Se a própria população não reconhece o valor do voto popular, da liberdade de expressão e da liberdade de reunião, não há como vingar um sistema democrático. Nesse sentido, podemos pensar nos regimes autoritários das décadas de 1930 e 1940, como os de Mussolini, Hitler e, até mesmo, o Estado Novo de Getúlio Vargas (de 1937 a 1946). Grande parte da população acolheu muito bem esses líderes, pois se sentia confortável sob a tutela de políticos fortes e carismáticos.

Marilena Chaui (2010, p. 447, grifo do original), fazendo um apanhado dos pensamentos de Platão e Aristóteles, faz uma reflexão interessante:

> Um regime só é político se for instituído por um corpo de leis publicamente reconhecido e sob o qual todos vivem, governantes e súditos, governantes e cidadãos. Em suma, é político o regime no qual os governantes estão submetidos às leis. Quando a lei coincide com a vontade pessoal e arbitrária do governante, não há política, mas **despotismo** e **tirania**.

Obviamente, todas essas classificações, na prática, nem sempre podem ser tomadas ao pé da letra. A vida real oferece inúmeros matizes intermediários.

2.5.2 Os três poderes

Há centenas de anos, filósofos, sociólogos, juristas e cientistas políticos discutem formas de aumentar a eficiência do Estado. Aristóteles e Platão já tratavam desse assunto, alguns séculos antes de Cristo.

Uma das prioridades mais comuns relacionadas a essa discussão diz respeito a evitar que todas as funções do Estado caiam nas mãos de uma única pessoa (tirania) ou de um pequeno grupo que age por interesse próprio (oligarquia). Outra questão importante discutida ao longo dos séculos está em como identificar as funções exercidas pelo governo e a maneira mais eficaz de dividi-las entre seus órgãos.

Quando examinamos, no Capítulo 1, a organização da República romana, percebemos que seria uma organização muito confusa para os padrões atuais. O Senado tinha ingerência sobre a aprovação das leis e sobre a justiça. Mas o povo também podia julgar e, por meio do tribuno da plebe, vetar leis. Os cônsules também atuavam como juízes, substituídos depois pelos pretores. Assim, podemos concluir que a função de dirimir conflitos dentro da sociedade, assim como de legislar, estava pulverizada. Se examinarmos outras sociedades, até mesmo da nossa era contemporânea, perceberemos a mesma ausência de sistematização.

Esse quadro, que sempre gerou grande insegurança política e jurídica, levou alguns estudiosos à tentativa de identificar quais seriam as funções básicas do Estado. As conclusões apontaram apenas três: a **legislativa**, a **executiva** e a **jurisdicional**. Partindo dessa identificação, Montesquieu (1689-1755) formulou o **princípio da separação de poderes**, buscando atribuir a organismos estatais a prevalência sobre o exercício de cada uma dessas atribuições. O objetivo não era apenas obter maior sistematização da atividade estatal, mas também garantir os direitos individuais e coletivos.

O desenvolvimento teórico formulado por Montesquieu ganhou aplicação prática quando ocorreu a Independência dos Estados Unidos da América, que, em sua Constituição promulgada em 1787 (e ainda hoje em vigor), instituiu os três poderes: Executivo, Legislativo e Judiciário.

O sistema ganhou a simpatia dos políticos e cientistas políticos dos séculos XVIII e XIX, coincidindo com um momento em que várias monarquias europeias adotaram constituições que limitavam os poderes dos reis e quase todo o continente americano conquistava sua independência. A tripartição dos poderes se tornou um verdadeiro dogma constitucional (Silva, 2011), sendo considerada indispensável para a garantia de um regime democrático.

A partir deste ponto citamos, em linhas gerais, as características e as funções de cada poder. No sistema brasileiro, eles são, por princípio, harmônicos e independentes entre si.

O **Poder Legislativo** modifica a ordem jurídica, pois tem a atribuição de editar as normas (leis) de caráter geral, aplicáveis à população como um todo e aos próprios agentes do Estado. No Brasil, essa função é exercida pelo Congresso Nacional na União Federal, pela Assembleia Legislativa nos estados e no Distrito Federal, e pela Câmara dos Vereadores existente em cada município.

No Brasil, o Congresso Nacional é um legislativo bicameral (constituído por duas casas): a Câmara dos Deputados e o Senado. Os deputados representam o povo, em número proporcional à população dos diferentes estados da Federação. Os senadores, simbolicamente, representam os estados. Como forma de fortalecer o sistema federativo, cada estado tem direito a três senadores, independentemente do tamanho da população.

O **Poder Executivo** é exercido pelo presidente da República (e seus ministros), pelos governadores, prefeitos e secretários estaduais e municipais. Está vinculado, em grande parte, ao cumprimento e à execução das normas ditadas pelo Poder Legislativo. "A função executiva ou administrativa é aquela pela qual o Estado realiza os seus objetivos, atuando por meio de decisões e atos materiais, observadas a Constituição e as leis" (Fiuza; Costa, 2010, p. 225); e inclui o planejamento e a execução das políticas econômicas e sociais, assim como a execução da política orçamentária.

Por fim, o **Poder Judiciário** tem a função principal de solucionar os conflitos de interesse que lhe são trazidos, aplicando o direito aos casos concretos. Ele também verifica a constitucionalidade das leis e cumpre outras atribuições previstas na Constituição. É exercido pelos magistrados do Poder Judiciário dos estados, da União Federal e do

Distrito Federal. No Brasil, quase todos os magistrados ingressam na carreira por meio de concursos públicos.

Nos últimos 200 anos, o regime de repartição dos poderes tem-se mostrado eficiente em várias partes do mundo. O Brasil, durante a monarquia, experimentou uma Constituição (1824-1889) que adotava um sistema de quatro poderes. Nesse sistema, o imperador era parte dos poderes Executivo e Moderador. O Poder Moderador dava amplos poderes ao monarca, mas D. Pedro II, prudentemente, não os usava em toda sua extensão.

A Constituição da República Bolivariana da Venezuela de 1999, em seu art. 136, aponta a existência de cinco poderes: o Legislativo, o Executivo, o Judiciário, o Cidadão e o Eleitoral (Venezuela, 1999).

No sistema inspirado por Montesquieu, a repartição de poderes não é absoluta. Os poderes têm atribuições preponderantes, mas também exercem algumas funções típicas dos demais. Desse modo, o Poder Legislativo assume o papel de julgador nos processos de *impeachment*, o Poder Executivo edita decretos, que são normas inferiores às leis, o Poder Judiciário, internamente, também edita regras importantes para o andamento dos processos. Todos os poderes podem mover processos administrativos para apurar a conduta de seus servidores, aplicando as punições cabíveis.

2.5.3 PRESIDENCIALISMO E PARLAMENTARISMO

No que diz respeito ao Poder Executivo, um aspecto importante se refere à compreensão dos sistemas presidencialista e parlamentarista.

O Brasil é uma república presidencialista. Isso significa que o presidente da República é a figura máxima na representação do Estado perante terceiros e, ao mesmo tempo, é o responsável pela administração da máquina administrativa. É eleito pelo voto direito dos eleitores brasileiros e tem um mandato de quatro anos. Os Estados Unidos e a esmagadora maioria dos países da América são presidencialistas.

Por outro lado, os 27 países da União Europeia, em sua quase totalidade (monarquias ou repúblicas), adotaram o sistema parlamentarista, à exceção do Chipre. No parlamentarismo, o Poder Executivo se reparte entre as figuras de um **chefe de Estado** e de um **chefe de governo**. O chefe de Estado pode ser o presidente da República ou um monarca (imperador, rei, príncipe, duque etc.). Ele é o representante do país.

Por sua vez, o chefe de governo é o primeiro-ministro, escolhido em função dos arranjos existentes entre os partidos representados no Parlamento, para os quais, geralmente, são necessárias alianças, o que nem sempre é fácil de acontecer. Já mencionamos o caso da Bélgica, que ficou mais de 500 dias sem primeiro-ministro (Schlosser, 2011). Normalmente, quando isso acontece, o chefe de Estado convoca uma nova eleição para o parlamento. Na tradição de vários países, o primeiro-ministro precisa ser um membro do parlamento. Em algumas nações, como o Reino Unido, o rei tem um papel quase simbólico. O mesmo acontece com o presidente da Alemanha. Eles se tornam mais visíveis no momento da escolha do novo primeiro-ministro. Em outros países parlamentaristas, como a França, o presidente da República tem uma maior autoridade e grande influência nos rumos da administração, que alguns denominam semi-presidencialismo.

No parlamentarismo, para se sustentar no poder, o primeiro-ministro depende "do apoio da maioria parlamentar, que pode derrubar o governo, votando uma moção de desconfiança" (Winter, 2015). Assim, as graves crises políticas podem ser resolvidas com maior rapidez, derrubando-se o chefe de governo e seu ministério (o gabinete) a qualquer momento. Por sua vez, para resolver as crises políticas no presidencialismo, como o chefe de governo é o presidente da

República, é necessário esperar que ele complete o mandato de quatro anos ou encontrar um fundamento para dar início a um processo de *impeachment*, solução sempre traumática.

Questão para reflexão

1. Neste capítulo, verificamos que as palavras *povo*, *população* e *nação* têm significados diferentes. Elas já foram usadas muitas vezes para justificar certos comportamentos estatais. Por exemplo: em um passado recente, em muitos países europeus, os ciganos não tinham reconhecidos os seus direitos políticos. O mesmo acontecia com os judeus nascidos na Alemanha durante o nazismo.

   Tomando a Alemanha nazista como exemplo, reflita: Os judeus foram reconhecidos como integrantes do povo, da população ou da nação alemã? Mesmo para o nazismo, tecnicamente, eles tinham que fazer parte de uma dessas três classificações. Com base no que estudamos neste capítulo, qual delas se aplicaria a esses sujeitos?

Estudo de caso

Crise política em um país parlamentarista

Imagine que um país de sistema parlamentarista está sofrendo uma grave crise política. O primeiro-ministro (chefe de governo), membro do partido PXY e aliado do partido PWZ, está totalmente desacreditado, devido à sua incapacidade de resolver os problemas econômicos do país. Suas promessas de campanha foram abandonadas.

Os ministros de maior popularidade abandonaram o governo, o qual está repleto de pessoas que não gozam de simpatia popular.

Então, o Parlamento vota uma moção de censura contra o primeiro-ministro. Conforme o previsto, as eleições seguintes seriam realizadas daqui a dois anos. Contudo, por ser um sistema parlamentarista, o chefe de Estado (um presidente ou um monarca) pode convocar uma nova eleição imediatamente, para que o novo Parlamento escolha um novo chefe de governo.

Realizadas as eleições, o novo Parlamento passa a ser dominado pelo partido PVR, apoiado pelo partido PGNY. Estes dois formam uma coalizão e elegem um novo primeiro-ministro, que logo é aceito pelo chefe de Estado. Forma-se um novo ministério, com apoio popular, e a crise política acaba. Logo, o país volta à normalidade.

Assim costumam ser resolvidas as crises políticas nos países que adotam o parlamentarismo. No presidencialismo, pelo contrário, é necessário esperar pelo fim do mandato do presidente da República ou encontrar justificativas para um *impeachment*.

Síntese

Neste capítulo, apresentamos os conceitos de *sociedade* e *Estado*. Quanto a este último, buscamos a origem da sua configuração atual, por meio da análise da base filosófica dos pensadores contratualistas. Abordamos, também, os três elementos constitutivos do Estado (população, território e poder soberano) e, ainda, destacamos suas estruturas mais tradicionais, como o sistema dos três poderes e os modelos presidencialistas e parlamentaristas.

Além disso, expusemos que o Estado moderno é fruto de uma longa evolução, impulsionada por fatores históricos e econômicos e influenciada por vários pensadores que ajudaram a construir certas instituições que, em nossa visão atual, parecem ter sempre existido. Algumas dessas instituições nasceram de casuísmos locais e acabaram se expandindo por quase todo o planeta. Importa-nos, portanto, alimentar o senso crítico a respeito da nossa sociedade como meio de compreendermos o que realmente se passa ao nosso redor. Por outro lado, para o empreendedor, fica a missão de perceber o quanto essa superestrutura chamada *Estado* afeta a vida da sua empresa.

Questões para revisão

1. Praticamente toda a população mundial vive dentro de limites de Estados soberanos, reconhecidos internacionalmente por outros Estados. Sobre os elementos formadores do Estado, assinale a única opção correta:
   a) Poder soberano, nação e governo.
   b) População, identidade histórica e legislação.
   c) Nação, território e legislação.
   d) População, território e poder soberano.

2. A burguesia, ao final da Idade Média, aumentou consideravelmente sua influência econômica na Europa ocidental. Contudo, ela não conseguia desenvolver todo o seu potencial, por conta do modelo político do continente europeu. A solução para isso foi buscar uma aliança com os reis. Sobre essa aliança e seus motivos, analise as três afirmativas a seguir:
   i) O sistema econômico feudal levava à criação de fronteiras internas que causavam embaraços às rotas comerciais.
   ii) O sistema feudal era absolutista, o que impedia a burguesia de participar da política do reino.

iii) O fortalecimento do poder político do rei permitiria criar uma administração nacional capaz de romper as barreiras tributárias geradas pelos feudos.

A seguir, assinale a alternativa que apresenta a(s) afirmativa(s) correta(s):

a) Apenas a III.
b) Apenas I e III.
c) Apenas a I.
d) I, II e III.

3. As revoluções liberais do século XVIII enfraqueceram o poder das monarquias europeias e, em alguns casos, levaram ao surgimento de regimes republicanos. A Revolução Francesa (1789) é o exemplo mais conhecido. Porém, para que as revoluções pudessem alcançar seus objetivos, era necessária uma base filosófica que justificasse as mudanças de cunho liberal. Sobre essa temática, analise as afirmativas a seguir:

i) Thomas Hobbes foi um dos idealizadores do liberalismo, ao defender que o rei deveria submeter-se à vontade popular.

ii) Locke defendia a existência de um parlamento capaz de limitar a autoridade do rei.

iii) A igualdade era um dos elementos do *estado de natureza* definido por Locke.

A seguir, assinale a alternativa que apresenta a(s) afirmativa(s) correta(s):

a) I, II e III.
b) Apenas I e III.
c) Apenas II e III.
d) Apenas a I.

4. Hobbes, Locke e Rousseau foram filósofos contratualistas. Qual foi a importância deles para a evolução política da Europa?

5. A Constituição Federal brasileira segue o modelo de repartição de poderes. Tendo esse modelo em mente, nomeie e descreva as atribuições típicas do poder que tem entre seus componentes os senadores.

Capítulo 3
O empreendedor e o Estado

Conteúdos do capítulo:

- Pensamento liberal.
- Keynesianismo.
- Estado de bem-estar social.
- Neoliberalismo.
- Aspectos gerais sobre o marxismo.

Após o estudo deste capítulo, você será capaz de:

1. compreender os valores do liberalismo econômico e do neoliberalismo;
2. entender a importância do keynesianismo;
3. verificar a importância do Estado de bem-estar social;
4. analisar como o liberalismo, o neoliberalismo, o keynesianismo e o Estado de bem-estar social interagem com o capitalismo;
5. confrontar os tópicos relacionados com a experiência vivida pelos países que adotaram o comunismo no século XX.

O capitalismo tem várias faces e pode se combinar com diferentes doutrinas econômicas e sociais. Ele nasceu sob a asa do mercantilismo, em Estados governados por reis que detinham grande poder político. Cresceu bem nesse ambiente, mas lhe faltava um pouco mais de oxigênio para alcançar toda a sua potencialidade.

Era preciso encontrar modelos econômicos que oferecessem maior liberdade de ação, em um Estado menos controlador. O desejo crescente, no seio do povo em geral, por maior liberdade política, gerou um clima desfavorável à manutenção do absolutismo. Vieram então as revoluções liberais dos séculos XVIII e XIX. A mais famosa delas foi a Revolução Francesa, em 1789. Após essa data, o Ocidente nunca mais seria o mesmo.

Neste capítulo, abordaremos diferentes modelos de capitalismo, fazendo uma breve referência ao mercantilismo para adentrar o liberalismo, o keynesianismo, o Estado de bem-estar social e o neoliberalismo.

(3.1)
Pensamento liberal:
origens e valores

No passado, grande parte da população mundial garantia seu sustento trabalhando no campo. Em muitos casos, a economia limita-se a pequenas propriedades familiares que permitiam a agricultura de subsistência. Os donos dessas propriedades não viviam de salário, pois vendiam o excedente da sua produção para adquirir alguns bens de que precisavam. Porém, esse panorama mudou graças à maior eficiência da agricultura. Com a tecnologia de hoje, se metade da população vivesse no campo, haveria superprodução de alimentos e os preços despencariam para níveis inferiores aos preços de custo, boa parte da produção apodreceria no pé.

Essa realidade, intimamente ligada ao livre mercado, é uma das inúmeras explicações para o fato de que, atualmente, mais de 80% da população brasileira vive nas cidades. Porém, em um ambiente urbano, torna-se impossível para uma família tirar o seu sustento de alimentos cultivados nas floreiras de casas e de apartamentos. Muitos conseguem suprir suas necessidades de alimentação e aquisição de bens de consumo prestando serviços como autônomos ou profissionais liberais: eletricistas, bombeiros hidráulicos, advogados, dentistas, entre outros. No entanto, sabemos que a gigantesca maioria precisa de um vínculo trabalhista que lhe garanta o recebimento de uma renda chamada *salário*. O salário, elemento raro nas economias pré-capitalistas e rurais, é fator essencial para a sobrevivência do homem moderno. Porém, para recebê-lo, a pessoa precisa encontrar alguém que aceite contratar sua força de trabalho em troca de dinheiro.

O empregador paga o salário, mas também precisa pagar os tributos exigidos pelo Estado, contas de luz, internet, telefone, manutenção de máquinas, insumos, empréstimos de bancos e, eventualmente, o aluguel do imóvel etc. Depois, espera-se que sobre uma margem de lucro e, se possível, um valor para futuros investimentos em tecnologia e máquinas, por exemplo. Para que isso aconteça, o valor do trabalho da pessoa contratada (a riqueza que produz) precisa ser muito maior que o valor do salário que recebe.

Esse valor do trabalho não pago ao trabalhador é chamado pelos marxistas de *mais-valia* e caracteriza, segundo eles, um mecanismo de exploração da classe assalariada (Sandroni, 1999, p. 362). Esse termo guarda relação íntima com o *sobretrabalho* a que nos referimos no capítulo primeiro. Para Karl Marx (1818-1883), essa estrutura é típica do capitalismo. Para outros estudiosos, contudo, o conceito de *mais-valia* é equivocado, pois ignora o papel que a tecnologia e a publicidade têm para a formação do lucro do empreendedor, além da sua própria capacidade de organizar os fatores de produção e interpretar as demandas do mercado. Para o economista liberal Eugen von Böhm-Bawerk, o que uns chamam de *mais-valia* ele chama de **remuneração do capital**. O capital, nesse caso, seria a poupança acrescida pela produção (Böhm-Bawerk, 1986, p. 129).

O capitalismo nasceu por volta do século XVI, quando os mercados locais se tornaram nacionais paralelamente ao fortalecimento do Estado. Os reis absolutistas criaram condições mínimas de segurança e de estabilidade política para o fortalecimento dos comércios interno e internacional. Porém, ainda era um capitalismo bem diferente do atual, havia grande controle do Estado sobre o comércio, em virtude do medo de que metais preciosos, em moedas de prata e de ouro, saíssem em grande quantidade do país.

No caso da Inglaterra, a regra era a seguinte: o comerciante inglês que vendesse mercadorias inglesas no estrangeiro podia voltar ao reino com mercadorias de outro país, mas, na volta, também tinha de trazer metais preciosos. Dessa maneira, estava proibido de usar todo o dinheiro arrecadado na venda para a compra de mercadorias estrangeiras (Guitton; Vitry, 1981). Além disso, era preciso evitar a entrada em excesso de mercadorias produzidas em outros países, não só para proteger os produtores locais, mas também para evitar a saída de dinheiro da economia local. Assim, o controle do comércio tornou-se uma atividade governamental. E esse modelo econômico ganhou o nome de **mercantilismo**.

Na época do mercantilismo, havia uma crença segundo a qual:

a riqueza de uma nação era constituída essencialmente pela moeda e que o volume de moeda de um país não produtor de metal precioso dependia de sua balança comercial: na medida em que as importações de um país fossem menores do que suas exportações, ocorreria uma entrada líquida de moeda, aumentando a riqueza. (Sandroni, 1999, p. 566)

Em outras palavras, a moeda "era considerada a riqueza por excelência e a nação mais rica seria aquela que possuísse mais ouro" (Bastos, 1979, p. 59). Para o surgimento do capitalismo, o absolutismo teve um papel importante. Porém, após algum tempo, passou a ser um entrave ao desenvolvimento econômico. Isso porque os Estados controlavam, em demasia, quase todos os aspectos da vida econômica. As medidas protecionistas limitavam a importação de produtos estrangeiros, mas não era apenas isso. Os reis ganhavam dinheiro vendendo privilégios a alguns comerciantes em detrimento de outros. Concediam-lhes monopólios, deformando os mecanismos da oferta e da procura. Portugal, por exemplo, proibia navios estrangeiros de fazerem comércio com o Brasil Colônia.

Para os comerciantes, o ambiente era de frustração. Eles tinham o poder econômico, mas não podiam tirar proveito de todas as oportunidades que surgiam diante de seus olhos. Ademais, sentiam-se desprestigiados em relação aos nobres, que recebiam os melhores cargos públicos, detinham prerrogativas legais e estavam mais próximos dos reis. Por isso, os burgueses passaram a pleitear também o poder político. Contudo, sua ascensão esbarrava nas instituições da época, bem sedimentadas por teorias políticas que legitimavam o absolutismo monárquico. Intuitivamente, a burguesia começou a questionar aqueles valores e a sugerir novas instituições.

> **Para saber mais**
>
> SOUZA, M. **Improviso sobre algumas origens do capitalismo**. Disponível em: <https://www.youtube.com/watch?v=Z9TwbMX1eE0>. Acesso em: 14 fev. 2018.
>
> Assista a um vídeo especial que preparamos para você, diretamente do Museu do Louvre, sobre as origens do capitalismo.

A questão principal residia na desigualdade, jurídica e política. Os reis estavam totalmente acima da lei e não podiam ser questionados. Em Portugal, de acordo com o Título VII do Livro V das Ordenações Filipinas, o simples ato de "dizer mal" do rei era crime. Nesse caso: "ser-lhe-á dada a pena conforme a qualidade das palavras, pessoa, tempo, modo e intenção com que foram ditas. Essa pena poderá estender-se até à morte, *inclusive*, tendo as palavras qualidades tais que a mereça"[1] (Ordenações Filipinas, 2018a, p. 1.158, grifo do original).

E os nobres também eram protegidos especialmente pelas leis, ainda que muitos em nada contribuíssem para o progresso da sociedade.

---

[1] *Em grafia original: "ser-lhe-ha dada a pena confôrme a qualidade das palavras, pessoa, tempo, modo e tenção, com que foram ditas. A qual pena, se poderá estender até morte* **inclusive***, tendo as palavras taes qualidades, porque a mereça" (Ordenações Filipinas, 2018a, p. 1158, grifo do original).*

> É bem verdade que esse período conheceu alguns monarcas brilhantes, como Pedro, o Grande (1672-1725), da Rússia. Em apenas uma geração, ele transformou uma obscura nação feudal em uma potência. Passando-se por simples empregado, foi à Holanda aprender como se construíam navios modernos. Em um terreno pantanoso, ergueu São Petersburgo, uma nova capital que também deteria o porto com o qual seu povo poderia comercializar com o mundo. Construiu forjas para produzir seus próprios canhões. Também derrotou os países que sufocavam a economia russa. Enfim, nesse caso, o modelo absolutista permitiu um progresso vertiginoso. Ainda assim, para a burguesia, faltava a igualdade, tanto jurídica quanto política.

Como mencionamos anteriormente, nos séculos XVII e XVIII, a ideia de que os homens nasciam iguais em direitos e obrigações era totalmente revolucionária. Para alguns setores da Igreja, tal afirmação era, até mesmo, herética. A escravidão foi o maior exemplo disso. Nessa época, milhões de africanos já haviam sido conduzidos, à força e em condições desumanas, para as grandes plantações das Américas.

No campo dos direitos civis, para os pensadores liberais, todos deveriam ser iguais perante a lei. No campo político, desejava-se que o povo pudesse ter instrumentos legais para a participação efetiva nas tomadas de decisão. Porém, quando se falava em *povo*, nem sempre era para se referir à totalidade da população. Um volume mínimo de renda parecia ser um critério justo para decidir quem tinha maturidade para votar e receber votos. A igualdade ampla e total era defendida por poucos e, ainda assim, excluía as mulheres.

Antes que John Locke começasse a escrever sua visão liberal do contrato social, um evento importante aconteceu na sua Inglaterra. O Rei Carlos I, que via a si mesmo como um representante de Deus na Terra, convocou os membros do Parlamento para uma assembleia em 1640.

O Parlamento não era um órgão permanente; era convocado eventualmente pelos monarcas, que buscavam conselhos para suas decisões, bem como para negociar o levantamento de novos impostos. O rei não era obrigado a acatar as demandas dos parlamentares. Na ocasião, como em outras, o rei se desentendeu com os parlamentares e dissolveu a assembleia. Os parlamentares, porém, recusaram-se a voltar para as suas casas, o que deu início a uma sangrenta guerra civil. Ao final dela, o Rei Carlos I foi decapitado (em 1649). Esse fato, pouco estudado no Brasil, a longo prazo acarretou profundas consequências para o mundo. Isso porque a Inglaterra começou a traçar uma estrutura política em que os reis teriam cada vez menos poder, deixando a criação de novos tributos e uma série de outras questões nas mãos do Parlamento. Essa evolução política se confirmou com outra revolução, pouco sangrenta, ocorrida em 1688 (a Revolução Gloriosa). Consolidava-se, então, uma estrutura de monarquia parlamentarista, em que os primeiros-ministros, escolhidos pelo Poder Legislativo, assumiriam, pouco a pouco, o papel de chefes do governo, deixando para o monarca a função de chefe de Estado.

As revoluções inglesas, embora estivessem fortemente relacionadas a questões locais, criaram uma estrutura política mais participativa, que acabou influenciando os filósofos contratualistas e aqueles contrários à supremacia dos reis, como John Locke. Assim, quando Locke assinalou que o poder do Estado era limitado e que o monarca deveria respeitar o parlamento, ele estava teorizando para o mundo, mas com os olhos naquilo que presenciara na Inglaterra.

Locke teve o mérito de alinhar sua visão política a questões intimamente relacionadas com a economia, fortalecendo instituições que foram importantes para a defesa daquilo que seria chamado de **liberalismo econômico**.

Para Locke, todos nós temos um direito natural à vida, à liberdade e à propriedade dos bens necessários para a conservação das duas primeiras. Fazendo referências à religião, o filósofo contratualista dizia que Deus, ao expulsar o homem do paraíso, não lhe tirou a propriedade sobre o mundo; apenas determinou que teria o domínio sobre a terra desde que obtido com o suor de seu rosto. "Deus instituiu, no momento da criação do mundo e do homem, o direito à propriedade privada como fruto legítimo do trabalho. Por isso, de origem divina, ela é um direito natural" (Chaui, 2010, p. 467).

Devemos lembrar que, no passado da Europa, havia muitas terras comuns, nas quais toda a comunidade podia deixar seus animais pastando. O dogma da propriedade privada como direito absoluto, que deve ser respeitado por todos, inclusive pelo Estado, é uma concepção da modernidade, típica do capitalismo.

Locke também discutiu o papel dos contratos na vida econômica e social. Tais acordos seriam reflexo da liberdade humana e, na condição de atos voluntários, precisavam ser religiosamente cumpridos.

No entanto, o pensamento de Locke não era o bastante para definir ou legitimar o desejo de comerciantes de diferentes países: derrubar os entraves jurídicos que amarravam a economia e, especialmente, o comércio. Na França, o governo, que desejava proteger sua indústria e sua população, tomou uma série de medidas que tiveram efeito inverso. Proibiu-se, por exemplo, a exportação dos cereais, e a indústria não conseguia se expandir, por causa do velho sistema de corporações de ofício, que dificultavam a entrada de novos participantes. Ademais, havia um conjunto de regras minuciosas que, por vezes, impediam os membros da corporação de atender ao que os consumidores desejavam.

Estava faltando alguém que defendesse a liberdade empresarial, um ideólogo capaz de revelar que o Estado precisava deixar de intervir na economia. Esse homem foi, mais uma vez, alguém nascido nas ilhas britânicas. Adam Smith (1723-1790) foi o maior nome da escola clássica da economia e é considerado por alguns o fundador da economia política. Seu livro mais importante, *Uma investigação sobre a natureza e as causas da riqueza das nações*, de 1776, ainda é um dos mais conhecidos e lidos na sua área.

A obra de Adam Smith abrange várias questões relevantes para a economia, como a afirmação de que a riqueza nasce da **divisão do trabalho**. Para exemplificar isso, Smith (1981) mostrou que, já naquela época, um trabalhador dificilmente poderia produzir sozinho uma simples agulha de metal. Afinal, para isso, ele precisaria procurar o metal no subsolo e realizar uma série de tarefas muito específicas, cada uma delas demandando um talento e uma tecnologia especial. Havendo divisão do trabalho, seria possível fabricar duas mil agulhas, por trabalhador, por dia.

Contudo, para os objetivos de nosso estudo, o interesse pela figura de Adam Smith é motivado pelo fato de que ele refutou os valores do mercantilismo. Para o filósofo escocês, a intervenção do Estado era, ao mesmo tempo, inútil, ineficiente e nefasta. A ação estatal seria a responsável por deformações da oferta e da procura, afetando os preços e os lucros. Smith acreditava que a economia, quando estava livre das regras impostas pelo Estado, tinha uma tendência natural ao desenvolvimento. Isso porque o capital migrava naturalmente entre os diferentes setores da economia, ajudando a produzir riqueza. Assim, segundo Streck e Morais (2001, p. 54), "a harmonia social e econômica resultaria da livre concorrência e da interação de interesses e forças econômicas".

Um dos seus argumentos mais conhecidos, e também mais polêmicos, era sobre a existência de uma força natural, presente apenas em ambientes de livre comércio, e que ele chamava de *mão invisível* (Smith, 1981). Ele afirmava que, havendo a possibilidade de livre desenvolvimento dos interesses econômicos, a mão invisível infalivelmente levaria a economia a um ponto de equilíbrio saudável, com lucros moderados para as empresas e empregos adequados para os trabalhadores.

Smith combatia o pacto colonial, regra que obrigava as colônias das Américas a comercializar apenas com as respectivas metrópoles. Para ele, havendo produção e trocas, o saldo sempre seria favorável a todas as nações. Segundo ele, a livre concorrência era o ingrediente essencial para uma economia eficiente (Sandroni, 1999).

As condições econômicas e políticas particulares da Inglaterra, acrescidas das grandes reservas de carvão disponíveis, possibilitaram ao país ser o primeiro a promover a Revolução Industrial, no final do século XVIII. Essa revolução, no seio do capitalismo, fez-se com a utilização em grande escala de máquinas movidas a vapor, instalações pertencentes aos patrões, grande divisão do trabalho por especialidades e fluxo de capitais consideráveis para a instalação de fábricas competitivas (Guitton; Vitry, 1981).

O início da Revolução Industrial coincidiu com a luta da Inglaterra pela abertura de diferentes mercados aos seus produtos. Afinal, a produção industrial do país era impressionante para os padrões da época e os empresários precisavam encontrar mercados consumidores para os seus produtos. Foi um combate ideológico de índole liberal contra o protecionismo. Um reflexo desse embate ocorreu aqui no Brasil, quando a família real portuguesa, ao chegar a Salvador em 1808, autorizou a abertura dos portos aos navios mercantes da Inglaterra.

A concepção liberal da economia acabou então adotando o conceito do *laissez faire, laissez passer* (em português, "deixe fazer, deixe passar"), ou seja, de **livre comércio** entre as nações – justamente, um dos postulados daquilo que chamamos de **liberalismo econômico**.

Reforçamos, porém, que o liberalismo econômico somente seria possível com mudanças políticas e sociais profundas. A Inglaterra já caminhava nessa direção havia muito tempo. Em outros países, os filósofos iluministas influenciavam as mudanças no campo das liberdades individuais. Pleiteava-se, por exemplo, um conjunto de regras que limitasse os poderes dos reis e fragmentasse as funções do Estado, com a instituição de um sistema de separação de poderes. Era a ideia de uma Constituição, como aquela adotada pelos Estados Unidos em 1787.

Outro aspecto valorizado pelos pensadores que influenciaram o liberalismo foi a tolerância religiosa. Embora as guerras de religião tivessem desaparecido da maior parte da Europa, ainda havia uma animosidade muito grande entre as religiões cristãs, e alguns Estados limitavam o culto do judaísmo e de certas vertentes do cristianismo. Locke afirmava que a função do Estado não era intervir no "cuidado da alma dos homens" (Heywood, 2010, p. 47), mas garantir sua vida e segurança.

A instituição da tolerância religiosa ajudou a suavizar antigas cicatrizes. Mesmo em países que ainda adotavam uma religião oficial, como o Brasil Império, as pessoas precisaram aprender a conviver com a diversidade. Foi um longo processo que abriu portas para várias outras discussões que envolvem questões morais e privadas. Em outras palavras, o liberalismo caminhou de mãos dadas com o desenvolvimento de muitas das instituições que hoje regem nossa sociedade.

Os primeiros pensadores liberais enfrentaram a autoridade da Igreja, os privilégios da aristocracia rural e a doutrina do direito divino dos reis (Heywood, 2010). Os ideais por eles defendidos ajudaram a criar a base ideológica para as revoluções liberais dos séculos XVIII e XIX. Delas, a mais conhecida é a Revolução Francesa, de 1789, que levou à queda da monarquia francesa e à morte, em praça pública, do Rei Luís XVI. Graças à insatisfação popular, a burguesia chegou ao poder.

Após essa revolução, quase todo o sistema jurídico francês foi reformulado, transformando em lei muitas das instituições liberais. A igualdade passou a substituir os privilégios da nobreza. As corporações de ofício, que tanto prejudicavam a liberdade de comércio e de ofício, foram abolidas. O conceito de *propriedade privada* também saiu fortalecido, aumentando o patrimônio de muitos. Graças às vitórias iniciais de Napoleão Bonaparte, tais ideias foram espalhadas pela Europa, com a ajuda das baionetas francesas, desde Portugal até os confins da Rússia. Mesmo com a derrota final de Napoleão, elas foram adotadas pelas diferentes sociedades e têm reflexos até nossos tempos.

A independência dos países latino-americanos está inserida nesse processo de esgotamento da economia mercantilista e do Estado absolutista. Em poucas décadas, o modelo econômico liberal passou a dominar a Europa e as Américas.

Para Chaui (2010, p. 468): "O término do Antigo Regime se consuma quando a teoria política consagra a propriedade privada como direito natural dos indivíduos, desfazendo a imagem do rei como 'marido da terra', senhor dos bens e das riquezas do reino, decidindo segundo sua vontade e seu capricho". Assim, a supremacia da propriedade privada parece ter sido o aspecto fundamental que consagrou a vitória do liberalismo sobre o regime monárquico absolutista (Antigo Regime).

(3.2)
O Estado liberal

Muitas vezes, o liberalismo é vinculado a ideias moralistas no campo dos costumes. Como afirmamos, esse vínculo não é condizente com as origens dessa corrente teórica. A tolerância religiosa, a liberdade de expressão e de imprensa e, mais recentemente, os direitos dos homossexuais foram conquistas alcançadas, inicialmente, em sociedades que adotam valores herdados pelas revoluções liberais do passado. Em outra esfera, relacionada ao fim da escravidão, no século XIX, o liberalismo teve grande relação com duas sociedades industrializadas e liberais: a Inglaterra e o norte dos Estados Unidos.

Vivemos em uma sociedade em que temos o direito de apoiar ou criticar os governantes, até mesmo às claras, nas redes sociais. Uma sociedade com vários partidos políticos, das mais diversas correntes ideológicas. Essa liberdade, contudo, não existia há 200 anos e jamais existiu em várias partes do planeta.

O grande filósofo italiano Norberto Bobbio acreditava haver uma relação íntima entre democracia e liberalismo. Na verdade, ele escreveu um livro inteiro sobre isso. Vale a pena transcrever aqui um trecho dessa obra:

> *deve-se observar que a participação no voto pode ser considerada um correto e eficaz exercício de um poder político, isto é, o poder de influenciar a formação das decisões coletivas, apenas caso se desenvolva livremente, quer dizer, apenas se o indivíduo se dirige às urnas para expressar o próprio voto goza das liberdades de opinião, de imprensa, de reunião, de associação, de todas as liberdades que constituem a essência do Estado liberal, e que enquanto tais passam por pressupostos necessários para que a participação seja real e não fictícia.*
>
> *Ideias liberais e método democrático vieram gradualmente se combinando num modo tal que, se é verdade que os direitos de liberdade foram desde o início a condição necessária para que a direta aplicação das regras do jogo democrático, é igualmente verdadeiro que, em seguida, o desenvolvimento da democracia se tornou o principal instrumento para a defesa*

dos direitos de liberdade. Hoje, apenas os Estados nascidos das revoluções liberais são democráticos e apenas os Estados democráticos protegem os direitos do homem: todos os Estados autoritários do mundo são ao mesmo tempo antiliberais e antidemocráticos. (Bobbio, 2013, p. 44)

Uma questão ainda mais complexa que se nos apresenta ao falarmos do liberalismo talvez esteja relacionada à estrutura política do Estado liberal. Para a maior parte dos liberais, o Estado não deve apenas se abster de intervir na economia, mas também de assumir compromissos que possam onerar em demasia a sociedade. Os liberais são, muito frequentemente, contrários a sistemas previdenciários muito protetivos e a sistemas públicos de saúde que atendam a todos os tipos de moléstias. Afinal, tais serviços públicos são caros e exigem o recolhimento de elevados tributos. Ademais, na visão deles, esses serviços competem com atividades que podem ser assumidas por empresas privadas. É um tema bastante controvertido e que inspira grandes disputas ideológicas.

Sonhava-se, então, com um Estado mínimo, cujas ações estariam restritas à manutenção da segurança pública, à proteção contra ameaças externas e à garantia da propriedade, da liberdade dos indivíduos e do respeito aos contratos. Disso advém o motivo pelo qual alguns pensadores liberais afirmavam que "o melhor governo é o que menos governa" (O'Sullivan, 1838, p. 6, tradução nossa).

Para alguns liberais, como John Stuart Mill (1806-1873), também seria papel do governo atuar na área da educação pública, principalmente para despertar valores coletivos, sociais e nacionais nos jovens (Streck; Morais, 2001). No que se refere ao crescimento econômico, o liberalismo casou muito bem com a industrialização e o capitalismo. Porém, crescimento econômico nem sempre traz desenvolvimento social na mesma escala.

O liberalismo econômico sofreu muitas críticas, sendo apontado como um modelo que agrava os problemas sociais e a distância entre ricos e pobres. Os liberais contestam essa afirmação, sustentando que não se trata de um sistema voltado ao favorecimento de uma classe. Pelo contrário, havendo proteção à liberdade de iniciativa de cada cidadão, em que todos estejam livres das amarras da hierarquia social das monarquias absolutistas, as pessoas podem empreender de acordo com suas habilidades específicas, sem encontrar limites para seus sonhos.

Conforme essa visão, a função do Estado não seria defender uma classe social, caberia a ele dirimir os conflitos entre os cidadãos, aplicando para cada caso a lei apropriada. Podendo desenvolver a profissão escolhida, expressar sua opinião, praticar livremente sua fé, o único limite à liberdade do ser humano seria o **contrato social** que seus antepassados firmaram com os demais indivíduos.

Na prática, entretanto, é possível observar que tais ideais não funcionam tão bem quando são aplicados à vida real. Nas relações de emprego, assim como nas relações entre empresas, o poder econômico tem influência e causa distorções e injustiças.

O sistema liberal sofreu um duro golpe em outubro de 1929, quando ocorreu a quebra da Bolsa de Valores de Nova York. Foi o início de uma grande crise que atingiu quase todos os países do mundo e se estendeu por alguns anos.

No Brasil, o café, principal produto de exportação nacional, perdeu praticamente todo o seu valor de venda em poucas semanas. A incapacidade do governo federal em lidar com a crise levou à Revolução de 1930 e ao início da Era Vargas. Em vários países, os governos tiveram que intervir na economia, os liberais ficaram em estado de choque. Para os marxistas, parecia o fim do capitalismo.

(3.3)
A EXPERIÊNCIA MARXISTA

O liberalismo e o socialismo foram dois sistemas que se propuseram a procurar desenvolvimento das sociedades. Enquanto o liberalismo se baseou na livre iniciativa e na livre concorrência, o socialismo experimentado pelos países do Leste Europeu buscava a igualdade social por meio da (1) forte centralização de todos os meios de produção na mão do Estado e (2) da extinção das grandes propriedades privadas nas áreas rurais.

O socialismo, na sua vertente marxista, teve origem nas grandes transformações econômicas, sociais e políticas dos séculos XVIII e XIX. Com a industrialização e o crescimento desorganizado das cidades, surgiu um campo fértil para o desenvolvimento de novas ideias políticas, como o **comunismo e o anarquismo**.

A industrialização e o êxodo rural, resultantes do advento da máquina a vapor, tiveram como consequências o predomínio dos latifúndios no campo e a proliferação das fábricas nas cidades, onde vivia grande número de miseráveis. A Inglaterra via surgir uma nova configuração social, mais urbana e desigual. Igualmente grave foi o efeito causado pela utilização cada vez mais intensa das máquinas nas atividades fabris, causando a deterioração dos salários dos operários. Diante desse quadro, foram criadas as primeiras organizações sindicais, as *trade unions*.

O filósofo Karl Marx e seus seguidores apontavam uma luta de classes que opunha os burgueses – tido como opressores – e a classe trabalhadora. Essa luta só acabaria quando o sistema capitalista fosse banido e desaparecessem as classes sociais. Então, viria a **ditadura do proletariado**.

Assim, o proletariado, que vendia sua força de trabalho para a classe dominante – a burguesia – é que deveria assumir ditatorialmente a gerência de todo o processo econômico e social. As teorias de Karl Marx influenciaram fortemente a Revolução Russa de 1917, que derrubou uma monarquia despótica e absoluta. A aplicação delas, contudo, foi revestida de uma nova roupagem pelos revolucionários, consolidando-se sob a designação de marxismo-leninismo, em referência ao líder revolucionário Vladimir Lenin (1870-1924).

Até então, a Rússia ainda era um país regido pelo absolutismo e com modo de produção agrícola semelhante ao feudal. A revolução, no entanto, instaurou o regime comunista no país, guiado por uma facção conhecida como *bolchevique*, a qual se apossara da liderança do movimento. O processo revolucionário foi longo e sangrento; uma guerra civil devastou o país. O Partido Bolchevique cultivara poderosos opositores, os quais se manifestavam contra o caminho tomado pela revolução. Houve reações – logo suprimidas – de grupos revolucionários que tinham outras visões sobre a instalação de uma sociedade socialista.

Era preciso uma iniciativa ousada para tentar reorganizar o país. Vladimir Lenin, o líder bolchevique, tinha autoridade moral suficiente para convencer seus correligionários a interromper, temporariamente, o processo de marcha para o comunismo. Esse sistema não poderia ser implementado imediatamente; por isso, foi preciso retornar a um moderado sistema capitalista para alcançá-lo. Diante desse quadro, Lenin idealizou a chamada Nova Política Econômica – NEP (transcrição de НЭП, na sigla russa).

A NEP foi implementada em 1921, quando a velha Rússia já havia sido transformada na União das Repúblicas Socialistas Soviéticas – URSS. A NEP conferiu um ritmo mais lento ao processo de coletivização forçada dos meios de produção. Por um breve período, autorizou-se o surgimento de pequenas empresas privadas para reativar a economia e concomitantemente promoveu-se a supressão de qualquer oposição. Foram justamente tais medidas que proporcionaram aos revolucionários que manobravam a União Soviética a reorganização de suas forças e a organização da jovem máquina estatal.

A NEP vigorou até 1928, quando um novo governante, Josef Stalin, passou a promover os planos quinquenais, que visavam à rápida industrialização da União Soviética. Por outro lado, ela já era considerada ultrapassada, isto é, havia cumprido seu objetivo, o que fez o Estado passar a desenvolver uma economia planificada.

No campo, multiplicaram-se os *kolkhozes* e os *sovkhozes*, núcleos de produção agrícola baseados em sistemas de propriedade coletiva (*kolkhozes*) ou de fazendas estatais (*sovkhozes*), equipados com meios de produção fornecidos pelo Estado. A administração desses núcleos, contudo, seguia as orientações do Estado e não dos trabalhadores. Essa coletivização forçada gerou, nos primeiros anos, uma grande fome na região da Ucrânia, causando a morte de centenas de milhares de pessoas (Miller-Gulland; Dejevsky, 1991).

Por outro lado, sob o comando de Stalin, os russos promoveram uma rápida industrialização do país, inclusive com a remoção forçada de milhares de pessoas para áreas despovoadas e ricas em recursos naturais.

Para derrotar o sistema capitalista, Karl Marx e Friedrich Engels (1820-1895) advogavam a organização da classe trabalhadora (especialmente dos operários), com vistas a promover uma revolução socialista (Marx; Engels, 1999). Seria, então, instalada a ditadura do proletariado, com o fim da propriedade privada e a coletivização dos meios de produção. O passo seguinte seria o **comunismo**, trazendo a plena igualdade social e o fim do Estado.

Entretanto, essa proposta nunca foi implementada, pois a Revolução Russa acabou sendo dominada pela figura centralizadora de Josef Stalin e por uma burocracia voltada para seus próprios interesses. Ademais, em alguns países capitalistas, como o Reino Unido, a luta de classes foi atenuada pelo desenvolvimento econômico e social, pela diminuição das horas de trabalho, pela proibição do trabalho infantil, pela construção de moradias populares, entre outros avanços.

As nações que se transformaram em comunistas, como Bulgária, Romênia e Polônia, exerceram na prática uma economia de Estado dirigida pelo Comitê Central do Partido Comunista – o único partido autorizado a existir –, que determinava de forma totalitária o que, quanto e como produzir, sem conhecer as reais necessidades e os desejos do mercado consumidor. Essa planificação gerava situações curiosas, como a falta de grampos de cabelo na Polônia, quando o governo se esqueceu de prever a sua fabricação em um dos planos quinquenais.

A partir de 1989, por razões cuja complexidade não nos cabe mencionar, os Estados comunistas da Europa Oriental abandonaram rapidamente esse sistema e se voltaram para o capitalismo. Cuba e Coreia do Norte talvez sejam as únicas nações do mundo que atualmente ainda buscam seguir os princípios legados por Marx. Mesmo a Coreia do Norte está hoje mais inclinada a uma visão própria do comunismo chamada *ideologia Juche*, baseada na autossuficiência do país.

Não devemos deixar de considerar que, após ter sofrido por décadas com o deficiente planejamento centralizado e a ditadura em nome do proletariado, o maior país do mundo que ainda se declara comunista – a República Popular da China (RPC) – vem colhendo resultados econômicos cada vez mais expressivos, interligando-se francamente com os maiores impérios industriais e econômicos do planeta e proporcionando grande melhoria no padrão de sua sociedade. Embora seja dominada por um partido dito comunista, boa parte da economia chinesa é capitalista.

A China chegou, em 2017, a segunda maior economia do mundo, graças ao seu curioso comunismo de mercado.

> **Para saber mais**
>
> CHINA. Constituição (1982). 4 dez. 1982. Disponível em: <http://bo.io.gov.mo/bo/i/1999/constituicao/index.asp>. Acesso em: 23 fev. 2018.
>
> A Constituição atual da República Popular da China, em seu art. 13, rende-se ao capitalismo, ao pregar que: "O Estado protege o direito dos cidadãos à posse dos rendimentos legitimamente adquiridos, às suas poupanças, a casas e a outras formas de propriedade legítima. O Estado protege legalmente o direito dos cidadãos a herdar propriedade privada" (China, 1982).
>
> Já o art. 18 tem sido fundamental para o desenvolvimento desse atual sistema: "A República Popular da China permite a empresas estrangeiras, a outras organizações econômicas estrangeiras e a particulares estrangeiros investir na China e participar em várias formas de cooperação econômica, em conformidade com as leis da República Popular da China." (China, 1982).
>
> Acesse o *link* e leia os outros artigos para compreender como a China trabalha segundo alguns dos moldes do capitalismo.

O pensamento marxista continua a influenciar as ciências sociais, pois traz análises valiosas das relações de trabalho, além de discussões relativas a outros temas. Ao desenvolver uma teoria sobre a desigualdade entre as classes sociais e apontar como elas seriam superadas, Marx criou o chamado *socialismo científico*.

(3.4)
O KEYNESIANISMO

Logo após a quebra da Bolsa de Nova York, em 1929, um economista britânico, John Maynard Keynes (1883-1946), debruçou-se sobre essa crise do capitalismo. Em 1936, ele publicou o livro *Teoria geral do emprego, do juro e da moeda*, que teve grande influência nas décadas seguintes. Na obra, Keynes afirmou que o Estado não poderia mais ficar passivo diante das crises. Era preciso garantir o emprego dos trabalhadores, aumentando a atividade econômica por meio da produção de bens de capital e de consumo.

Os economistas deviam abandonar o bom senso, segundo o qual o nível de despesas do Estado se baseava no montante das receitas adquiridas (Brémond; Gélédan, 1984). Para aumentar o dinheiro em circulação, o governo precisava aumentar os gastos públicos ou reduzir a arrecadação tributária. O Estado precisaria se endividar, aumentando seu *deficit* público. O endividamento seria compensado pelo crescimento.

Ademais, Keynes acreditava no efeito multiplicador das despesas do Estado. Ele demonstrava, matematicamente, que cada dólar, ou libra, injetado pelo governo provocava um aumento da renda nacional maior do que a despesa inicial (Brémond; Gélédan, 1984). Essa visão econômica faria todo o sentido poucos anos depois.

Após a Segunda Guerra Mundial (1939-1945), grande parte da infraestrutura mundial estava em ruínas. Quase toda a Europa havia se transformado em um campo de batalha. O Japão e várias regiões da Ásia haviam sofrido as consequências de batalhas ou de bombardeios massivos. O mesmo se pode dizer do norte da África. Cidades inteiras estavam devastadas, com milhões de desabrigados, e populações inteiras haviam sido deslocadas de suas casas. Para a geração atual, que acompanhou a guerra civil na Síria pelos noticiários da televisão, podemos afirmar que era um quadro infinitamente pior.

O liberalismo econômico não tinha uma resposta rápida para reverter uma crise com tais dimensões. A mão invisível do mercado levaria décadas para devolver a dignidade às pessoas, se isso fosse possível. Portanto, era preciso injetar recursos na Europa, o que não seria feito pelos empresários europeus ou asiáticos, que estavam arruinados.

Antes mesmo de terminar a Segunda Guerra, em 1944, representantes de todos os países que haviam se aliado contra a Alemanha e o Japão se encontraram na cidade de Bretton Woods, nos Estados Unidos, para debater os rumos da economia após o conflito mundial. Nas reuniões entre esses representantes, vários temas discutidos viriam a influenciar a forma como o mundo se apresenta atualmente. Inclusive, o papel que os Estados Unidos passaram a desempenhar na economia global tem algumas de suas raízes em Bretton Woods. O Fundo Monetário Internacional (FMI), tão criticado por alguns partidos políticos brasileiros, também nasceu desses debates.

Para os objetivos desta obra, o principal ponto que interessa sobre essas reuniões foi o acordo estabelecido entre as principais potências capitalistas, segundo o qual o sistema econômico internacional precisaria de uma grande intervenção do Estado por meio de investimentos públicos. A criação de empregos e o crescimento econômico passariam a ser parte da Administração Pública, até que tudo voltasse ao normal. Um dos arquitetos dessa solução foi, justamente, o britânico John Maynard Keynes, que, entretanto, não viveria para ver o resultado dessa política.

Alguns críticos acusaram Keynes de ter criado um sistema que levaria o capitalismo à morte, o que não é verdade. O modo de produção continuou igual, com empregadores, empregados, propriedade privada e salários. Ademais, Keynes era contrário à criação de empresas pelo governo (embora na prática isso tenha ocorrido). O modelo keynesiano é, pois, capitalista. Ele apenas não segue certos dogmas do liberalismo clássico. Está, portanto, muito distante do intervencionismo estatal do socialismo ou do comunismo.

Segundo Bastos (1979, p. 98), o intervencionismo do governo "deve ter por fim suprir ou complementar e não substituir e muito menos eliminar a iniciativa privada". Para a implantação da reconstrução econômica da Europa e do Japão, os Estados Unidos injetaram boa parte dos recursos financeiros de que dispunham, por meio de um programa de ajuda conhecido como Plano Marshall. Os resultados foram imediatos, pois, com as obras de infraestrutura, os trabalhadores europeus e japoneses estavam recebendo salários e estimulando a economia.

A injeção de recursos financeiros na economia para socorrer as empresas privadas, restabelecer o funcionamento dos serviços públicos, impulsionar obras de infraestrutura e, até mesmo, criar empresas estatais[2] foi necessária para ajudar grande parte do mundo a abreviar o colapso social que a mais devastadora guerra da história havia gerado.

O pensamento econômico de Keynes repercutiu fortemente nos países capitalistas durante as décadas de 1950 a 1970. Praticamente todos esses países utilizaram em algum grau o modelo proposto

---

2 *Empresas estatais são empresas controladas pelo Estado. No Brasil, após a Segunda Guerra Mundial, surgiram as estatais Petrobras e Companhia Siderúrgica Nacional (CSN), entre outras.*

pelo britânico. As nações da América Latina, especialmente o Brasil, foram tributárias dessa doutrina, que acabou ganhando o nome de *keynesianismo*.

Com a volta da inflação e do desemprego, na década de 1970, o keynesianismo começou a perder força, pois o endividamento do Estado tem limites. Ainda assim, continua relevante, indicando "uma percepção renovada do fato de que o capitalismo desregulado tende a trazer baixo investimento, imediatismo e fragmentação social" (Heywood, 2010, p. 70). Em resumo, é um modelo capitalista, sem ser liberal.

(3.5)
Estado de bem-estar social

Cronologicamente, o tema do Estado de bem-estar social não é posterior ao keynesianismo. Porém, didaticamente, ele deve ser mencionado aqui, pela influência que ainda tem em diferentes sociedades.

No final do século XIX, a dominância de ideologias que pregavam a tomada do poder pelo proletariado por meio de uma revolução levou várias lideranças políticas – inclusive conservadoras – a buscar caminhos para reduzir a pressão social, por meio da concessão de direitos e da criação de sistemas de seguridade social.

Uma das questões básicas atreladas a esses caminhos residia na insegurança dos trabalhadores em episódios de doença e invalidez. O trabalhador, nesses casos, ficava sem salário e podia até ser demitido. Além disso, as condições de segurança nas fábricas eram péssimas, fato que estava contribuindo para uma grande tensão social. A classe trabalhadora reivindicava algum tipo de assistência para esse tipo de situação. Porém, em tempos de liberalismo econômico, o Estado não queria assumir a responsabilidade por tal despesa.

Em 1883, o chanceler ³ alemão Otto von Bismarck (1815-1898), conhecido conservador, adotou um sistema engenhoso e que ainda hoje é adotado por vários países, inclusive o Brasil. Bismarck desenvolveu um sistema de previdência social por meio do qual os benefícios previdenciários seriam custeados não apenas pelo governo, mas também por contribuições recolhidas pelos empregadores e pelos empregados. Inicialmente, esse sistema serviria para atender apenas aos casos de doenças, mas logo se expandiu para as hipóteses de invalidez e morte.

Quando irrompeu a Primeira-Guerra Mundial (1914-1918), com ela ocorreram grandes transformações no mundo. A Revolução Russa de 1917, já mencionada neste capítulo, deu origem ao primeiro Estado socialista, a União Soviética. No mesmo ano, houve a Revolução Mexicana, que levou a primeira Constituição de um país a conferir, em seu texto, direitos sociais aos cidadãos. Entre os direitos, podemos destacar a jornada de trabalho de oito horas, o repúdio ao trabalho infantil, bem como os direitos à greve e ao salário mínimo. Ademais, a Constituição mexicana conferiu um novo formato ao instituto da propriedade privada rural, deixando de reconhecê-la nos casos em que não se preservassem os recursos naturais ou a justa distribuição de riqueza. Os Estados da federação mexicana também poderiam limitar a extensão de terras pertencentes a um único proprietário (Marés, 2003).

Dois anos depois (1919), a Alemanha, derrotada na guerra, também promulgou uma carta constitucional com forte viés social, a qual ficou conhecida como Constituição de Weimar.

Anos mais tarde, para combater os efeitos da crise mundial iniciada com a quebra da Bolsa de Valores de Nova York, o novo

---

3   *Cargo equivalente a primeiro-ministro.*

presidente norte-americano, Franklin Roosevelt (1882-1945), colocou em andamento um plano de recuperação econômica que rompia com os ideais do liberalismo econômico. Entre 1933 e 1937, o governo norte-americano investiu pesadamente em obras públicas (voltadas à geração de empregos), regulamentou vários aspectos da economia, além de criar uma lei de seguridade social.

Seriam essas as origens concretas do que ficou conhecido como *Estado de bem-estar social*, que viria a ser estudado pelo economista sueco Gunnar Myrdal (1898-1987). Ele percebeu que tais medidas não podiam ser confundidas com o assistencialismo de outrora. Na verdade, elas não deviam ser encaradas como custos, mas como investimentos de longo prazo, visando ao desenvolvimento.

O Brasil vem adotando, há décadas, vários instrumentos compatíveis com um Estado de bem-estar social. O país já conta com um modelo razoável de seguridade social e de saúde pública, por exemplo. As aposentadorias concedidas aos trabalhadores rurais ajudam a promover o comércio de centenas de municípios brasileiros. Entretanto, além das deficiências na prestação desses serviços, bem conhecidas pela população brasileira, ainda existe uma parcela das lideranças políticas que enxergam esses instrumentos de justiça social como custo, e não como investimento.

Alguns dos países com melhores Índices de Desenvolvimento Humano (IDH) do planeta são aqueles que seguem, até hoje, políticas de bem-estar social, sem abandonar o sistema econômico capitalista. Nesse sentido, podemos citar a Noruega, a Suécia e a Dinamarca. São países em que a população e as empresas sofrem com altas cargas tributárias, mas que são compensadas pela qualidade dos serviços ofertados pelo Estado.

Quanto ao Estado de bem-estar social, Norberto Bobbio afirmava que ele levou ao estabelecimento de um novo contrato social "no qual, partindo-se da mesma concepção individualista da sociedade e adotando os mesmos instrumentos liberais, se incluem princípios de justiça distributiva, onde o governo das leis – em contraposição ao governo dos homens – busque a implementação da democracia com um caráter igualitário" (Streck; Morais, 2001, p. 72).

Desse modo, o Estado de bem-estar social é, para Bobbio, um passo adiante na concepção de Estado moderno.

(3.6)
O NEOLIBERALISMO E AS INSTITUIÇÕES DO ESTADO

Keynes não foi o único economista a tentar achar uma solução para a crise de 1929 ou para aquela outra, causada pela Segunda Guerra. Enquanto, para muitos, o liberalismo parecia morto, cientistas sociais brilhantes tentavam recuperar seus princípios mais valiosos. Esses cientistas ficaram conhecidos como *neoliberais*.

As primeiras doutrinas liberais do século XVIII foram criadas em um mundo muito mais simples. A progressiva complexidade da vida social e da economia, somada às experiências socialistas e de intervenção no mercado, tornou obsoletos alguns aspectos da doutrina liberal. Porém, apenas isso não seria motivo suficiente para recomeçar tudo do início (Guitton; Vitry, 1981).

A estagnação econômica da década de 1970 ajudou a tirar das estantes alguns livros que, há algumas décadas, demonizavam o Estado de bem-estar social. Para homens como Ludwig von Mises (1981-1973), Friedrich Hayek (1899-1992) e Milton Friedman (1912-2006), os encargos sociais assumidos pelo Estado, assim como a regulamentação da economia, destruíam "a liberdade dos cidadãos e a competição, sem as quais não há prosperidade" (Chaui, 2010,

p. 499). Os três economistas alegavam que o Estado havia assumido atribuições que não lhe eram naturais. Para eles, "a tarefa de alocar recursos em uma economia complexa e industrializada era muito difícil para que um conjunto de burocratas do Estado pudesse realizá-la de maneira satisfatória" (Heywood, 2010, p. 99).

O ponto central da visão neoliberal estava na noção de que a liberdade, a justiça e o bem-estar poderiam ser alcançados de maneira mais satisfatória em uma sociedade em que houvesse competição e mecanismos de livre mercado. Essa ideia fundamental abriria caminho para uma série de medidas, como privatização de empresas estatais, cortes de tributos e desregulamentação da economia (Weaver, 2014, p. 3).

Hayek, autor do clássico *O caminho da servidão* (1944), combatia o intervencionismo econômico, por considerá-lo implicitamente totalitário (Heywood, 2010). A diferença básica entre o liberalismo clássico e o neoliberalismo estaria no papel do Estado, com poderes para controlar o valor da moeda e garantir a livre concorrência, protegendo as pequenas empresas contra os abusos das grandes companhias que usam seu poder econômico para dominar os mercados. Contrariando a visão clássica, autoriza-se o uso da lei para restaurar as condições de uma concorrência justa.

A visão neoliberal tornou-se ainda mais relevante com o fim do bloco comunista que dominava o leste da Europa até 1989. Países como Hungria, Polônia e República Tcheca desejaram migrar suas economias o mais rápido possível para o modelo capitalista. Nesse sentido, tais nações privatizaram rapidamente um sem-número de empresas públicas, enquanto outras, tecnologicamente defasadas, foram simplesmente fechadas. Algumas delas, em poucos anos, também conseguiram, de forma admirável, equilibrar seus gastos públicos.

No caso do Brasil, os anos de 1980 ficaram conhecidos como a *década perdida*. O modelo de crescimento baseado em gastos públicos não estava mais funcionando. Nesse sentido, o neoliberalismo poderia ser, para alguns, uma solução. E a Constituição Federal de 1988, graças às suas ambiguidades, tanto reconhece amplos direitos sociais quanto tem dispositivos que reduzem a participação do Estado na economia, conforme tratamos anteriormente. Sobre isso, destacamos o texto do art. 173 da Constituição: "Ressalvados os casos previstos nesta Constituição, a exploração direta de atividade econômica pelo Estado só será permitida quando necessária aos imperativos da segurança nacional ou a relevante interesse coletivo, conforme definidos em lei" (Brasil, 1988).

O governo de Fernando Henrique Cardoso, que durou de 1995 a 2003, é considerado por muitos *neoliberal*. Algumas de suas medidas, de fato, tiveram esse viés, como controle da inflação, privatizações, enxugamento da máquina pública, criação da Lei de Responsabilidade Fiscal, busca da diminuição dos gastos com a previdência social e cortes orçamentários. Todas essas medidas, é importante ressaltar, levaram a algumas mudanças institucionais, com reflexos em toda a sociedade.

É importante dizer que, na prática, é quase impossível um país adotar o liberalismo econômico em toda sua extensão, principalmente nos dias atuais, quando há muitas normas que tratam de aspectos relacionados ao meio ambiente, ao direito do consumidor e à segurança do trabalhador.

Tais questões, impensáveis na época de Adam Smith, oneram as empresas. Se a fiscalização do governo for eficiente e honesta, atingindo igualmente as empresas de todos os setores, as distorções na oferta e na procura podem ser minimizadas. Ainda assim, podem gerar reflexos no comércio exterior, pois as empresas dos países com forte regulamentação ambiental têm de competir com organizações instaladas em países cuja legislação reguladora é menos rígida, ou nos quais a fiscalização é ineficiente ou corrupta.

O neoliberalismo tem muitos adversários. No Brasil, inclusive, o próprio termo *neoliberalismo* é geralmente usado em sentido pejorativo, pois, segundo seus críticos, aumenta a divisão entre ricos e pobres piorando as condições de trabalho, de consumo e de proteção social. Segundo Soares (2011, p. 49): "O pensamento neoliberal considera que o gasto social é a causa da crise fiscal do Estado, sendo, portanto, seu corte uma necessária terapia". Para os adversários do neoliberalismo, esse sistema tem como consequência o controle das sociedades por empresas e grandes grupos econômicos internacionais, que determinam as atribuições que cada país deve ter na economia internacional. Assim, o que parece ser uma economia de livre mercado é, na verdade, uma economia planificada pelo setor privado.

> **Questão para reflexão**
>
> 1. Como discutimos neste capítulo, os neoliberais advogam a diminuição do papel do Estado na sociedade e na economia, para que o mercado possa funcionar livremente e com menor carga tributária. Quando acompanhamos os programas de governo de Donald Trump, nos Estados Unidos, percebemos sua ênfase na desregulamentação de atividades poluentes, como as relacionadas a petróleo e a carvão, acompanhada de expressiva redução da carga tributária.

> Em outra vertente do capitalismo, que se observa na Noruega e na Suécia, por exemplo, as pessoas físicas e jurídicas sofrem pesadas cargas tributárias. Entretanto, as pessoas físicas praticamente não precisam se preocupar com saúde, educação ou previdência social. Esse é o Estado de bem-estar social.
>
> Colocando-se no papel de um empreendedor, reflita: Em que tipo de sociedade você gostaria de atuar?

Síntese

Devemos saber que o empreendedor é, normalmente, movido por interesses pessoais. É o encontro de diferentes interesses que leva à geração de riquezas e de empregos, colaborando para o crescimento da economia. Nos dias atuais, há uma íntima relação entre a vida do empreendedor, a atuação do Estado e o desenvolvimento social de um país.

Nesse sentido, enfatizamos neste capítulo que a atuação do Estado pode se revestir de diferentes modelos de economia capitalista, geralmente baseados em valores adotados pela sociedade ou pelos grupos que controlam o governo. Os modelos que abordamos foram o liberalismo, o neoliberalismo, o keynesianismo e o Estado de bem-estar social.

Alguns desses modelos apresentam diferenças gritantes quanto à necessidade de volume dos gastos públicos e do equilíbrio entre receitas e despesas. Porém, todos mantêm as características básicas do capitalismo, como empregadores e empregados, o conceito de mais-valia, a existência de salários etc. Como cada modelo tem defeitos e virtudes, é necessário estarmos atentos aos rumos do Estado, para identificar as instituições predominantes e suas consequências sobre a sociedade e sobre os empreendedores.

Por fim, aproveitamos, também, para tratar, em algumas linhas, da experiência marxista no leste da Europa. É certo que temos a responsabilidade de promover, pelos mecanismos democráticos, as mudanças necessárias para alcançarmos um verdadeiro desenvolvimento econômico e social.

Questões para revisão

1. O keynesianismo foi um pensamento econômico importante para o processo de reconstrução da Europa, após a Segunda Guerra Mundial. Sobre esse modelo de economia capitalista, analise as afirmativas a seguir:
   i) Foi usado no Brasil ao longo da década de 1970.
   ii) Incentiva o Estado a aumentar os gastos públicos.
   iii) É incompatível com o liberalismo econômico.

   A seguir, assinale a alternativa que apresenta a(s) afirmativa(s) correta(s):

   a) Apenas I e II.
   b) I, II e III.
   c) Apenas II e III.
   d) Apenas a II.

2. Sobre o modelo de liberalismo econômico, analise as afirmativas a seguir:
   i) Incentiva os gastos públicos com saúde e previdência social.
   ii) Defende a livre iniciativa.
   iii) Foi adotado pela Rússia (União Soviética) durante o governo de Josef Stalin.

A seguir, assinale a alternativa que apresenta a(s) afirmativa(s) correta(s):

a) Apenas I e II.
b) Apenas a II.
c) I, II e III.
d) Apenas a III.

3. O Estado de bem-estar social pode ser identificado em países como Noruega e Suécia. Sobre esse modelo social, analise as afirmativas a seguir:
   i) É compatível com políticas de expansão e valorização da educação pública.
   ii) É incompatível com o capitalismo.
   iii) Gera uma maior participação do Estado na vida social.

A seguir, assinale a alternativa que apresenta a(s) afirmativa(s) correta(s):

a) Apenas a II.
b) Apenas I e III.
c) I, II e III.
d) Apenas a III.

4. Cite e comente as incompatibilidades entre o neoliberalismo e o Estado de bem-estar social.

5. Quais são características que o Estado deve apresentar em uma sociedade totalmente liberal?

Capítulo 4
Visão institucional do direito empresarial

Conteúdos do capítulo:

- O que são as sociedades empresárias.
- Sociedades limitadas e sociedades anônimas.
- O papel do mercado de capitais.
- Agências reguladoras.
- Conselho Administrativo de Defesa Econômica (Cade).

Após o estudo deste capítulo, você será capaz de:

1. explicar por que existem as sociedades empresárias;
2. descrever a natureza e as características das sociedades limitadas e das sociedades anônimas;
3. reconhecer os papéis do mercado de capitais e da Comissão de Valores Mobiliários (CVM);
4. perceber o papel do Conselho Administrativo de Defesa Econômica (Cade).

Nos capítulos anteriores mencionamos que muitas instituições são influenciadas por nosso sistema econômico, baseado em uma economia de mercado. As médias e grandes empresas, formadas com a contribuição financeira de um grande número de sócios e acionistas, são símbolo do capitalismo. São estruturas surgidas da prática contratual e transformadas em *pessoas* pelo aparato legislativo.

Apesar da diversidade cultural que ainda existe no mundo, as sociedades empresárias, nos moldes em que foram criadas e aprimoradas nos primeiros países capitalistas, estão presentes em quase todos os cantos do globo. Mesmo na China, país teoricamente comunista, há grandes empresas estruturadas pelo modelo das sociedades de mercado.

Contudo, embora vivamos em uma sociedade que valoriza a livre concorrência, sabemos que ela pode produzir resultados desastrosos – ao meio ambiente, aos consumidores, aos trabalhadores – se não houver o mínimo de controle. Neste capítulo, portanto, abordaremos a sociedade empresarial e alguns instrumentos de controle que incidem sobre sua organização e sua atividade.

Estudo de caso

A formação de uma sociedade limitada

José é um famoso *chef* de cozinha, com vários prêmios importantes em seu currículo, mas ele quer abrir seu próprio restaurante, embora não tenha o capital necessário. Para tanto, ele pode tomar dinheiro emprestado de bancos ou obter o capital necessário se aliando a outras pessoas interessadas em investir em seu projeto, como sócios.

Como o *chef* considera os juros bancários muito elevados, a opção que lhe parece mais favorável é abrir uma empresa com outras pessoas. Por ser muito centralizador, José procura pessoas interessadas apenas em investir capital, como sócios não administradores. Assim, ele forma com elas uma sociedade limitada, na qual cada um recebe parte dos lucros em função do número de quotas adquiridas. No contrato social, José está indicado como o único administrador. Dessa forma, ele pode se dedicar à sua habilidade especial sem grande interferência dos sócios. Estes, por seu turno, ao se aliarem a uma personalidade destacada no ramo da gastronomia, logo pretendem recuperar o capital investido e colher os lucros do negócio.

(4.1)
A EMPRESA COMO INSTITUIÇÃO

No Capítulo 1, verificamos que, entre as explicações para o surgimento do capitalismo no Ocidente, está a noção de acumulação primitiva de capital. Na Europa, a partir do século XV, e nos Estados Unidos, posteriormente, grande parte da riqueza (como terras, dinheiro, meios de produção, navios etc.) ficou concentrada nas mãos de um número relativamente reduzido de pessoas. Esse acúmulo de riqueza abriu caminho para grandes investimentos, atividades empresariais absolutamente impossíveis de serem levadas a cabo por trabalhadores comuns.

Imagine como era complicado, com a tecnologia do século XVI, construir, equipar, armar e guarnecer quatro ou cinco navios com o objetivo de sair da Europa e contornar a África, passar pelo Oceano Índico e chegar à China; considerando que o capital empregado ficaria preso a essa viagem por, pelo menos, dois anos. Some a essa conta o risco, bastante real, de que um ou dois desses navios afundassem ao longo do trajeto ou fossem capturados por piratas.

Eventualmente, uma expedição como essa poderia ser assumida pelo Estado, porém a experiência mostra que, mesmo em tais casos, recursos privados eram empregados, ainda que na forma de empréstimos. Assim, embora a primeira expedição de Cristóvão Colombo que chegou às Américas, em 1492, tenha tido o apoio dos reis da Espanha, os três navios envolvidos pertenciam a empresários da época.

O que pretendemos frisar é que a acumulação primitiva de capital ajuda a explicar como a Europa conseguiu, entre os séculos XV e XVIII, expandir seus domínios pelos quatro cantos do planeta. Contudo, tais empreendimentos envolviam riscos que uma pessoa, por mais rica que fosse, raramente aceitaria assumir sozinha. Um fracasso, um azar, um detalhe desastroso poderia ser suficiente para levar alguém à falência ou a algo até pior, como a morte ou a escravidão.

Nos nossos dias, quando uma pessoa fica inadimplente, insolvente, ela pode ter seus bens penhorados e levados à hasta pública, para que sejam alienados na intenção de pagar dívidas. Se tais bens não forem suficientes para isso, essa pessoa tem seu nome inscrito em um cadastro de proteção ao crédito e fica "negativada", como se costuma dizer. Toda essa violência, no entanto, não se compara ao que acontecia no passado.

Em Roma, até 326 a.C., se alguém não conseguisse honrar suas dívidas deveria pagar com o próprio corpo por isso, ou destinar alguém de sua família para pagar. A pessoa dada em garantia era, então, submetida a uma condição análoga à escravidão. Passados 60 dias, se a dívida não fosse paga, o devedor poderia ser levado para fora da cidade e morto pelo credor.

> **Para saber mais**
>
> SHAKESPEARE, W. **O mercador de Veneza**. Porto Alegre: L&PM Pocket, 2007.
>
> *O mercador de Veneza*, um dos livros mais famosos de William Shakespeare, relata o caso de um mercador que, ao tomar dinheiro emprestado, oferece como garantia do pagamento da dívida uma libra de carne do seu próprio corpo, que será cortada do lugar que o credor quiser. O livro também mostra bem as inseguranças de ser empresário no século XVI, especialmente no ramo do transporte marítimo.

Em Roma, após 326 a.C., graças à *Lex Poetelia Papiria*, as dívidas passaram a incidir apenas sobre o patrimônio do devedor. Essa regra aparenta ser a mesma que aplicamos atualmente, mas não é totalmente igual. No caso de um empreendedor, a dívida poderia incidir sobre qualquer dos seus bens, mesmo aqueles não relacionados à empresa.

Há dois aspectos que até hoje são capazes de tirar o sono de qualquer empreendedor: o risco de entrar sozinho em um grande empreendimento e a ameaça de ter todos os seus bens perdidos em caso de fracasso. Duas ameaças que, certamente, fazem muitas pessoas deixarem de se arriscar no mundo dos negócios. Com relação ao primeiro aspecto, podemos assumir que as pessoas têm propensão a procurar por sócios. Ainda que um sujeito tenha patrimônio suficiente para abrir uma empresa e colocá-la para funcionar, ele provavelmente procurará alguém para dividir o trabalho, o investimento e os riscos. O ganho, inicialmente, talvez não seja o mesmo, mas tende a ser mais seguro. E se o empreendimento for muito grande, então podem ser necessários vários investidores para reunir o capital necessário. Forma-se, então, uma **sociedade** entre essas pessoas. Todos aportam recursos e seguem certas regras para a administração da empreitada. Dependendo do tipo de sociedade, todos podem participar das decisões mais importantes e, eventualmente, cuidar da administração.

Ademais, o economista Ronald Coase demonstrou que a existência das empresas ajuda a reduzir os custos para se organizar a produção e a coleta de informações em uma economia de mercado (Coase, 1937). No que se refere aos custos, o sistema gerado pela existência das empresas cria uma massa de trabalhadores que comparece diariamente aos seus locais de trabalho, com horários e funções preestabelecidos, garantindo as necessidades do sistema produtivo. Assim, há redução dos custos de transação, na medida em que "o empresário não precisa redigir, continuamente, contratos para a execução dessas funções" (Mackaay; Rousseau, 2015, p. 519-520).

As sociedades existem há mais de dois mil anos. Contudo, o direito moderno, há aproximadamente 400 anos, engendrou uma ficção jurídica que transformou o ingresso nas sociedades em algo muito mais atrativo para os investidores. Percebeu-se que o fato de uma pessoa fazer parte de uma sociedade empresária não significa que ela concorde, necessariamente, com as ações praticadas por tal sociedade. Se um participante deseja apenas investir seu dinheiro, mas não participa da administração, não há obrigatória coincidência entre as ações, os deveres e as promessas da sociedade com a opinião pessoal do sócio. Mais do que isso: muitas vezes, uma empresa pode causar danos a terceiros contra a vontade dos sócios. Tais danos podem ser reflexo das escolhas tomadas por um diretor ou gerente da organização, os quais, em alguns casos, são meros empregados da sociedade. Nesses casos, podem haver conflitos de interesses entre as decisões da sociedade e a vontade de um ou mais sócios.

O sócio, quando é mero investidor, não escolhe os empregados da empresa, não tem autoridade sobre eles, tampouco carrega a obrigação de lhes pagar salário. No caso de uma empresa que fabrica tintas, por exemplo, o sócio também não pode entrar nas instalações da organização com a intenção de tomar para si latas de tinta para uso pessoal.

Com base em todo o exposto, podemos concluir que a sociedade empresária tem endereço, empregados, patrimônio, direitos e obrigações próprios, além de inscrição nos órgãos competentes. Sendo assim, estão apartados os direitos e obrigações do sócio, que, em relação à empresa, podem apenas, *grosso modo*, demandar dela seu quinhão nos lucros.

Porém, para que isso faça sentido, é preciso reconhecer que a sociedade empresária é uma pessoa, titular de direitos e obrigações na ordem civil. Como, obviamente, não se trata de uma pessoa em carne e osso, dizemos que é uma **pessoa jurídica**, criada pelo sistema jurídico, isto é, pelas leis. Ao serem cumpridos os requisitos para sua criação, a sociedade passa a ter também personalidade jurídica própria, ou seja, ela nasce para o direito. Consequentemente, quando um consumidor sofre prejuízo, ele não processa o sócio, mas a pessoa jurídica. Caso ele seja vitorioso, a indenização é retirada do patrimônio da pessoa jurídica. Os acionistas talvez jamais venham a saber da existência desse processo.

Segundo Coelho (2013, p. 27), "a pessoa jurídica não preexiste ao direito; é apenas uma ideia, conhecida dos advogados, juízes e demais membros da comunidade jurídica, que auxilia a composição de interesses e a solução de conflitos".

Para alguns estudiosos, a empresa é, então, como um feixe de contratos, "começando pela relação jurídica que une seus sócios e segue pelos acordos feitos com fornecedores e clientes, até contratos com trabalhadores e contratos de empréstimo necessários para suprir as necessidades de fundos da empresa" (Salomão Filho, 2011, p. 41).

O reconhecimento das pessoas jurídicas foi um dos grandes passos para que o Ocidente conseguisse, com maior eficiência, tirar o máximo proveito da poupança das pessoas físicas que, abrindo mão do consumo, decidiram usar parte de seus recursos para aplicar em empresas, ajudando na formação de capital empresarial e aumentando a disponibilidade dos recursos produtivos.

Porém, a ficção das pessoas jurídicas não se limita às sociedades empresárias. As cooperativas, as associações, as fundações, os estados, os municípios e a União Federal também são pessoas jurídicas. Todas têm direitos e obrigações próprios, e cada uma pode recorrer ao Poder Judiciário para lutar por seus direitos, bem como pode por ele ser acionada.

(4.2)
A SOCIEDADE EMPRESÁRIA

Sociedade empresária é uma expressão usada pelo direito brasileiro para aquilo que, na linguagem coloquial, chamamos de *firma* ou *empresa*. As firmas, assim como os mercados e as relações contratuais, são consideradas instituições do capitalismo (Williamson, 1985), e todas têm função importante para a redução dos custos de transação dentro do sistema econômico [1].

---

1   Sobre os custos de transação, rever a Seção "Alguns conceitos de instituição" do Capítulo 1.

As sociedades empresárias adquirem sua personalidade jurídica quando fazem o registro de seus **atos constitutivos** no órgão competente, na forma da lei. O ato constitutivo varia em função do tipo de sociedade. Para uma sociedade anônima, aplica-se o **estatuto social**; para uma sociedade limitada, o **contrato social**; para uma cooperativa, um instituto ou uma fundação, o **estatuto**, aprovado por ata da assembleia constitutiva.

O ato constitutivo individualiza a pessoa jurídica, indicando seu nome empresarial e sua sede. Também delimita o objeto social da empresa (a atividade negocial que se pretende desenvolver), além das regras que deve usar para seu funcionamento e sua estrutura básica, incluindo as normas relativas à sua administração (Mamede, 2010).

O Código Civil (instituído pela Lei n. 10.406, de 10 de janeiro de 2002 – Brasil, 2002) prevê diferentes tipos de sociedades empresárias. As mais comuns sao as sociedades limitadas (Ltda.) e as sociedades anônimas (S.A.). O Código Civil prevê ainda a "sociedade em nome coletivo" e a "sociedade em comandita simples" (Brasil, 2002).

Há também a chamada *sociedade simples*, cujas características são adequadas para a constituição de escritórios de contabilidade e de outras profissões liberais (Brasil, 2002). Contudo, ela não é considerada uma sociedade empresária e seus sócios, eventualmente, podem responder por dívidas da sociedade.

Cada uma dessas formas de sociedade tem características especiais, e a escolha de uma ou outra depende das limitações impostas pela lei, bem como das dimensões do empreendimento ou da estratégia dos empreendedores quanto à captação de recursos e à forma de administração. Porém, e sobretudo, os empreendedores devem se preocupar com o tipo de responsabilidade que assumem nas dívidas e nos compromissos assumidos pela sociedade empresária.

4.2.1 SOCIEDADE LIMITADA

O direito brasileiro, como comentamos na seção anterior, admite vários tipos de sociedade. No entanto, entre as sociedades contratuais, a sociedade limitada é, de longe, a mais comum. A explicação para isso é relativamente simples. A sociedade limitada (assim como a sociedade anônima) é um tipo societário cujos sócios não respondem subsidiariamente pelas obrigações sociais. Logo, se a empresa não tem condições de cumprir com seus contratos ou vai à falência, os sócios não respondem pelo cumprimento com seus patrimônios pessoais, salvo em casos de fraude ou de infrações similares que causem prejuízo a outros sócios, à sociedade, a terceiros ou ao fisco.

Ora, por vezes, o patrimônio da sociedade não é suficiente para saldar as dívidas. Os credores, inclusive aqueles empregados da sociedade, podem encontrar dificuldades, sem receber aquilo que lhes era devido. Por quê, então, proteger o capital dos sócios? Segundo Salomão Filho (2011), a admissão ou não da limitação de responsabilidade pessoal dos sócios depende sempre do conceito específico de interesse social vigente em cada sistema jurídico.

Se adotamos a responsabilidade ilimitada como regra geral, estamos valorizando a proteção dos credores. Se, ao contrário, reconhecemos a possibilidade de conflito de interesses entre os sócios e o comportamento da sociedade, estamos valorizando a tutela de interesses internos (Salomão Filho, 2011).

No caso do direito brasileiro, especialmente no que tange às sociedades anônimas, buscou-se estimular o surgimento de novos empreendimentos, oferecendo segurança aos sócios interessados apenas em investir seu capital em atividades produtivas. É uma forma de fazer as pessoas "tirarem o dinheiro do colchão" – como se dizia antigamente –, aplicando-o no crescimento da economia. Para compensar os abusos que tal sistema possa criar, o Código Civil prevê, em alguns casos (art. 1.009; art. 1.010, § 3º; art. 1.011; art. 1.013, § 2º; art. 1.016; art. 1.017; art. 1.080), a responsabilidade pessoal dos administradores da empresa e, eventualmente, de alguns sócios (Brasil, 2002).

Nas sociedades simples e na sociedade em nome coletivo, pelo contrário, "todos os sócios respondem subsidiariamente por tais obrigações" (Mamede, 2010, p. 59). Isso significa que os sócios, nessas sociedades, respondem com seu patrimônio pessoal "caso o patrimônio da própria sociedade não seja suficiente para fazer frente à dívida" (Mamede, 2010, p. 59).

A sociedade limitada está, normalmente, relacionada a pequenos e médios empreendimentos. Nesse sentido, o aporte de capital para a formação de uma sociedade limitada é importante, mas as relações pessoais são, normalmente, mais consideráveis. Trata-se de um tipo de sociedade em que os integrantes geralmente já se conheciam antes do empreendimento e resolveram se unir por terem vínculos familiares, de amizade ou de confiança.

Como dissemos anteriormente, nas sociedades limitadas, o ato constitutivo é o contrato social. Nele, de acordo com o Código Civil, devem estar expressos, além do objeto da sociedade, o seu capital (expresso em moeda corrente); a quota de cada sócio; as pessoas naturais incumbidas da sua administração; a participação de cada sócio nos lucros e nas perdas; e o nome, a nacionalidade, o estado civil, a profissão e a residência dos sócios, se forem pessoas naturais, e a firma ou a denominação, a nacionalidade e a sede dos sócios, se forem pessoas jurídicas (Brasil, 2002).

Como podemos perceber, uma sociedade pode ter entre seus sócios formadores pessoas naturais (pessoas físicas) ou jurídicas.

Contudo, apenas pessoas naturais podem ser incumbidas da sua administração.

A sociedade limitada deve, necessariamente, ser registrada na junta comercial do estado em que estiver sediada. Essa é a condição para que ela funcione regularmente; além disso, esse registro a auxilia a oferecer maior segurança para as pessoas que estabelecerão contratos com ela. Desse modo, qualquer cliente ou fornecedor pode se informar sobre quem são os sócios e os administradores dessa sociedade, além dos poderes atribuídos a estes últimos.

O capital da sociedade, nas sociedades limitadas, é dividido em frações, chamadas *quotas*. O contrato deve definir o número de quotas em que o capital da sociedade está dividido e qual é o valor individual dessas quotas. Esse valor, quando multiplicado pela quantidade de quotas, deve corresponder ao valor total do capital social. As quotas devem ser divididas entre os sócios conforme as disponibilidades e os interesses de cada um. Na verdade, eles aportam dinheiro (ou outros bens) para ter o direito de participação na empresa. Para tornar isso mais claro, consideremos um exemplo.

A empresa X tem capital social de R$ 200.000,00, dividido em 100 mil quotas de R$ 2,00 cada uma. A empresa tem três sócias: Aminda, Belinda e Zelinda. Conforme a capacidade financeira de cada uma, elas decidiram dividir o capital da seguinte forma:

Tabela 4.1 – Divisão do capital social da empresa X

Nome	N. de quotas	Valor integralizado	Percentual da sociedade
Aminda	20 mil	R$ 40.000,00	20%
Belinda	29 mil	R$ 58.000,00	29%
Zelinda	51 mil	R$ 102.000,00	51%

Não basta que o contrato indique a participação de cada sócio. É fundamental que o capital seja, efetivamente, integralizado. Em outras palavras, os sócios precisam transferir, para o patrimônio da empresa, dinheiro ou bens suficientes equivalentes às quotas que eles se comprometeram a adquirir.

O quotista inadimplente, que não integralizou no tempo devido o *quantum* do capital que lhe era devido, é chamado *sócio remisso*. Ele poderá ser condenado pelos prejuízos que sua demora causar ou, ainda, ser excluído da sociedade por justa causa (Diniz, 2011).

O percentual de quotas adquiridas pelos sócios determina o poder que cada um deles potencialmente tem nas decisões tomadas em suas assembleias ou reuniões. Assim, no exemplo exposto na Tabela 4.1, o simples voto de Zelinda é suficiente para decidir as questões que demandam uma maioria simples. Isso porque ela tem 51% das quotas. Quanto à estrutura básica de uma sociedade limitada, ela é relativamente simples e, ao mesmo tempo, bastante flexível.

Toda sociedade limitada é administrada por uma ou mais pessoas designadas no contrato social, ou em ato separado (conforme art. 1.060 do Código Civil) (Brasil, 2002). Como já referido, somente pessoas físicas podem ser administradoras. Por isso, podem ser escolhidos para esses cargos tanto sócios quanto não sócios, e seus poderes podem variar bastante a depender do acordado em contrato. No entanto, a principal responsabilidade dos administradores é buscar atingir os objetivos da empresa e, logicamente, obter lucros.

Porém, ao menos em tese, os administradores estão submetidos às decisões das assembleias ou reuniões. Conforme mencionamos anteriormente, eles podem responder por danos causados à sociedade e a terceiros, por culpa no desempenho de suas funções.

Existe, ainda, a figura do conselho fiscal, que, em regra, é um órgão facultativo e, na prática, raramente é formado. Composto por três ou mais membros, sua função é fiscalizar as contas dos administradores e emitir pareceres sobre as observações que fizerem.

Por fim, há o órgão deliberativo da sociedade limitada, o qual se constitui em assembleias ou reuniões convocadas para que todos os sócios que se fizerem presentes tomem decisões referentes a questões especialmente importantes definidas pela lei, pelo contrato social ou pelo instrumento de convocação. Entre as atribuições desse órgão deliberativo, estão listadas as seguintes matérias no art. 1.071 do Código Civil:

Art. 1.071. [...]

I - a aprovação das contas da administração;

II - a designação dos administradores, quando feita em ato separado;

III - a destituição dos administradores;

[...]

V - a modificação do contrato social; (Brasil, 2002)

Embora o número de quotas que cada sócio possui tenha influência direta nas votações, todos os sócios podem se manifestar e debater os temas propostos.

4.2.2 SOCIEDADE ANÔNIMA

As sociedades anônimas geralmente são formadas para grandes empreendimentos, que exigem aporte de vultosos recursos, por exemplo, a exploração de petróleo, a construção de portos, a criação de empresas na área da telefonia etc.

> O primeiro contato da sociedade brasileira com uma sociedade anônima se deu em 1624, quando uma empresa dos Países Baixos invadiu o Nordeste do Brasil para ali explorar os engenhos de cana-de-açúcar. Essa sociedade – a Companhia das Índias Ocidentais – contava com investidores dos quatro cantos da Europa e conseguiu reunir recursos suficientes para armar uma frota de 38 embarcações e 3.300 homens (Souza, 1997). O investimento, ao final, não se mostrou lucrativo para os acionistas. Como o território pertencia a Portugal, nossa metrópole na época, houve uma guerra que, com maior ou menor intensidade, alastrou-se até 1654.

Ao contrário do que discutimos na sociedade limitada, na sociedade anônima a figura dos sócios (ou acionistas) é menos importante. Os fundadores da sociedade precisam atrair acionistas, ainda que estes sejam pessoas totalmente desconhecidas. O capital da empresa é dividido em ações, que podem ser de diferentes tipos: as **ações ordinárias** (ON) sempre geram direito a voto nas assembleias; por sua vez, as **ações preferenciais** (PN), normalmente, são despidas do direito de voto nas assembleias. Os acionistas não têm qualquer responsabilidade pelos atos da companhia. Desse modo, correm o risco apenas de perder o capital investido.

O ato constitutivo nas sociedades anônimas é um **estatuto**, que não pode ser alterado pela simples entrada ou saída de acionistas. Quando da sua criação, "as ações do capital serão colocadas à disposição de quem tiver interesse em adquiri-las, mediante oferta ao público feita, em regra, pela Bolsa de Valores, e, em raras hipóteses, pelo mercado de balcão" (Diniz, 2011, p. 111).

Existem **sociedades anônimas abertas** e **sociedades anônimas fechadas**. As primeiras podem ter suas ações negociadas na Bolsa de Valores e nos balcões das corretoras de valores. Por causa disso, são fiscalizadas pela Comissão de Valores Mobiliários (CVM). De acordo com Coelho (2013, p. 91): "O objetivo desse controle é conferir ao investimento em ações e outros valores mobiliários dessas companhias a maior segurança e liquidez possível".

Por sua vez, as companhias fechadas são, geralmente, sociedades que não dependem de novos investidores e de aumentos de capital. Ao se fecharem, deixam de ser fiscalizadas pela CVM. Contudo, seus sócios têm mais dificuldades para vender suas ações, já que os valores não estão cotados no mercado de valores mobiliários e, por isso, não podem ser objeto de oferta pública. Assim, além de encontrar um comprador, a venda das ações "deverá aguardar uma série de procedimentos contábeis e de avaliação de ativos, ou seja, o levantamento de informações sobre a empresa, destinados a mensurar o valor do investimento" (Coelho, 2013, p. 92).

Quanto à administração, todas as sociedades anônimas devem ter uma diretoria, que é o órgão executivo da entidade, representando-a legalmente, "praticando os atos judiciais ou extrajudiciais necessários para a regularidade de seu funcionamento e executando deliberações da assembleia geral e do Conselho de Administração" (Diniz, 2011, p. 121).

Contudo, frequentemente há, também, o chamado *conselho de administração*, que é, aliás, obrigatório na companhia aberta, na de capital autorizado e na sociedade de economia mista[2].

O conselho, eleito pela assembleia geral, ajuda a criar uma relação mais próxima entre os principais acionistas da companhia e a diretoria. Suas funções são extremamente relevantes, pois, entre outras atribuições previstas na lei (Brasil, 1976): fixa a orientação geral dos negócios da companhia; elege e destitui os diretores, fixando-lhes as atribuições e fiscalizando a gestão dos diretores; examina, a qualquer

---

2   *Sociedade de economia mista é uma sociedade anônima cujo capital é, em parte privado, em parte pertencente ao Poder Público, com controle deste último.*

tempo, os livros e os papéis da companhia; e solicita informações sobre contratos celebrados ou em via de celebração.

O órgão mais importante de uma sociedade anônima é a **assembleia geral**, cuja convocação e funcionamento dependem de uma série de formalidades, necessárias para legitimar suas decisões e garantir a justa participação dos acionistas. Todos os acionistas têm direito a participar dos debates, mesmo aqueles que não possuem ações com direito a voto.

Entre as atribuições da assembleia, podemos destacar as seguintes, conforme art. 132 da Lei n. 6.404, de 15 de dezembro de 1976:

Art. 132. [...]

I – tomar as contas dos administradores, examinar, discutir e votar as demonstrações financeiras;

II – deliberar sobre a destinação do lucro líquido do exercício e a distribuição de dividendos;

III – eleger os administradores e os membros do conselho fiscal, quando for o caso; (Brasil, 1976)

John Kenneth Galbraith (1908-2006) foi um economista norte-americano extremamente influente e professor na Universidade de Harvard, nos Estados Unidos. Em seu livro *A economia das fraudes inocentes*, ele chama de *fraudes* certas pseudoverdades que são ouvidas no dia a dia sobre a economia. Algumas delas são relacionadas, justamente, à estrutura de organização das companhias. Galbraith sustenta que, nos dias atuais, as grandes empresas são controladas por uma estrutura burocrática semelhante àquela vista nos órgãos governamentais. Por quê? Ele explica:

> *dirigir uma empresa moderna de grande porte é uma tarefa exigente, que ultrapassa em muito a autoridade ou a habilidade do mais determinado indivíduo. Disso decorre uma fraude mais transparente e não de todo danosa: a tentativa de dar aos proprietários, acionistas, cotistas, investidores, como são diversamente nomeados, um aparente papel na empresa. Tendo o capitalismo aberto o caminho para a administração cum burocracia, é necessário criar uma ilusão de importância para os donos. Eis a fraude.* (Galbraith, 2004, p. 43-44)
>
> Retomando o que mencionamos quando versamos sobre o poder da assembleia dos acionistas, acompanhe a seguir a visão irônica de Galbraith sobre isso:
>
> *as grandes empresas se tornavam o fator central da economia moderna. Elas não poderiam, como já se disse, ser controladas por seus donos: os acionistas. As tarefas são muito diversificadas e requerem, muitas vezes, um juízo especializado. O poder e a responsabilidade devem estar com os bem qualificados e motivados, e não com os que não têm ou não pareçam ter motivação ou conhecimentos financeiros. Com isso, as empresas foram dominadas pela administração – a burocracia.* (Galbraith, 2004, p. 47)

Nas sociedades anônimas, nas quais o capital, em muitos casos, ultrapassa centenas de milhões de reais, as ações são, ordinariamente, distribuídas entre centenas ou até milhares de pessoas, muitas das quais são pequenos investidores que tiveram a ousadia de injetar suas economias no mercado de capitais para multiplicar seus recursos por taxas mais atraentes que as oferecidas pela caderneta de poupança. Eles ajudam a formar uma massa de pessoas e são conhecidos como *acionistas minoritários*. É bem verdade que entre eles também estão pessoas (físicas ou jurídicas) que investiram grandes somas, mas não o suficiente para ter grande influência nos rumos de suas companhias.

Para proteger os acionistas minoritários, a lei ameaça com punições os administradores das sociedades anônimas e, também, os chamados *acionistas controladores*. De acordo com o art. 116 da Lei n. 6.404/1976, acionista controlador é a pessoa, natural ou jurídica, ou um grupo de pessoas vinculadas por acordo de voto, ou sob controle comum, que:

> *Art. 116. [...]*
> a) *é titular de direitos de sócio que lhe assegurem, de modo permanente, a maioria dos votos nas deliberações da assembleia-geral e o poder de eleger a maioria dos administradores da companhia; e*
> b) *usa efetivamente seu poder para dirigir as atividades sociais e orientar o funcionamento dos órgãos da companhia.* (Brasil, 1976)

Nesse caso, teme-se que o acionista controlador abuse de seu poder econômico para intervir negativamente nos objetivos e interesses da sociedade. Assim, por exemplo, ele é obrigado a indenizar os prejudicados quando, no uso do seu poder de voto, segundo o art. 117 da Lei n. 6.404/1976, "favorecer outra sociedade, brasileira ou estrangeira, em prejuízo da participação dos acionistas minoritários nos lucros ou no acervo da companhia, ou da economia nacional" (Brasil, 1976).

A vida das sociedades anônimas é muito influenciada pela maneira como elas são vistas pelo mercado, o que gera impactos no valor das ações, na entrada de novos investidores e na taxa de juros que tais sociedades têm de pagar ao contrair empréstimos ou emitir debêntures. Tudo isso tem relação direta com o mercado de capitais, tema da seção seguinte.

(4.3)
A REGULAÇÃO DO MERCADO DE CAPITAIS

Já esclarecemos que as sociedades anônimas geralmente estão voltadas a grandes empreendimentos, que demandam aporte de quantidades expressivas de capital. Parte desse capital pode ter origem na realização de empréstimos, obtidos no mercado financeiro, o que, para a empresa, trata-se de um instrumento caro, pois os bancos não estão dispostos a correr riscos. No Brasil, além dos juros elevados, são exigidas outras garantias que podem gerar ônus e custos de transação para a organização.

Por outro lado, a sociedade anônima de capital aberto pode oferecer, por meio de oferta pública, alguns tipos de "papéis" ao público em geral, tentando captar investidores interessados em correr os riscos e obter os bônus do empreendimento. Por meio do mercado de capitais, a sociedade tem a oportunidade de oferecer **debêntures** ou emitir novas ações da empresa para se capitalizar. Por isso, ouvimos falar em transações que envolvem títulos da dívida pública federal, ações, debêntures, CDBs etc.

> **Debêntures** são títulos emitidos por sociedades anônimas e que atribuem aos adquirentes direitos de crédito contra a companhia. A vantagem é que a empresa emitente pode decidir a taxa de juros que pretende oferecer ao mercado em troca de suas debêntures, além da data de vencimento e de outras eventuais garantias. Se a empresa é saudável, possivelmente pode oferecer juros menores do que aqueles que seriam cobrados em um empréstimo bancário comum. Por outro lado, empresas em situação delicada, que já não conseguem obter recursos no sistema financeiro, podem oferecer debêntures a juros altos, com vistas a atrair investidores ousados, dispostos a aceitar os riscos.

Qualquer pessoa, física ou jurídica, pode tornar-se sócia ou credora de uma sociedade anônima. Para isso, basta que venha a adquirir os valores mobiliários por ela emitidos. Desse modo, o mercado de capitais é constituído por agentes que precisam captar recursos (deficitários – agentes tomadores de recursos) e por aqueles que têm recursos a oferecer (superavitários – agentes ofertadores).

Em maio de 2017, a companhia Atlantic, precisando de recursos para a construção de um parque de energia eólica na Bahia, emitiu 102 milhões de reais em debêntures. A emissão foi favorecida pela excelente avaliação que recebeu da agência de classificação de risco Fitch (Pádua, 2017).

Contudo, o encontro de deficitários e superavitários em oferta pública depende de um sistema estruturado e controlado por órgãos definidos pelo Estado por meio da lei. Afinal, trata-se do uso da poupança popular, recurso bastante escasso e que não pode ser desperdiçado. Por isso, o sistema precisa ser seguro e transparente, para evitar que os investidores percam dinheiro em virtude de fraudes ou por causa de empresas que, contabilmente, já se tornaram inviáveis.

Por isso, é necessária a autorização da CVM, além da intervenção de instituições financeiras e a sociedades corretoras autorizadas a atuar nesse ramo.

Assim, segundo Fábio Ulhoa Coelho (2013, p. 94):

> *A companhia que, por exemplo, tomasse a iniciativa de fazer publicidade de televisão dos valores por ela emitidos, convidando o espectador a comparecer em sua sede para aderir ao investimento ofertado, isto é, que tentasse acessar a poupança popular por canais diferentes dos institucionalizados pelo mercado de capitais, estaria incorrendo em ilícito de consequências administrativas (Lei nº 6.385/76 – LCVM, art.20) e penais (Lei nº 7.492/86, art. 7º, II).*

A CVM garante a transparência do mercado, exigindo que as sociedades abertas publiquem certos relatórios da administração e demonstrações financeiras, além de pareceres de auditores independentes (Mamede, 2010). Desse modo, em tese, o investidor tem um mínimo de informações na hora de comprar debêntures ou ações de uma companhia.

Para alguns, a atuação fiscalizadora da CVM contrasta com a visão propagada pelo pensamento liberal. Afinal, trata-se de uma forma de intervenção no mercado, o que pode gerar distorções nos mecanismos de oferta e procura, mas isso parece pouco, ante o importante papel que ela exerce para a segurança do mercado. Inclusive, as regras aplicadas pela CVM reduziram o impacto da crise econômica mundial de 2008 no Brasil.

(4.4)
O ESTADO E AS AGÊNCIAS REGULADORAS

A economia do Brasil teve altas taxas de crescimento no início da década de 1970, o que ficou conhecido como *milagre econômico brasileiro* (1969-1973). Na década de 1980, entretanto, o país atravessou uma aguda crise econômica, o que levou à estagnação da economia. Situação análoga foi experimentada por outros países latino-americanos, os quais também enfrentaram o ciclo de hiperinflação e aumento da dívida externa. Vários planos econômicos, alguns deles pouco ortodoxos, buscaram estabilizar os fundamentos da economia, sem sucesso.

Nessa época, entre várias questões malresolvidas, havia a ineficiência dos serviços públicos, muitos deles geridos por empresas controladas pelo Estado. Essas empresas, embora tenham contribuído para um desenvolvimento inicial nas áreas a que estavam relacionadas, tornaram-se ineficientes e deficitárias com o passar dos anos. Defendia-se a ideia de que elas deveriam ser privatizadas.

A ideia, no início da década de 1990, era reduzir o papel do Estado interventor na economia, que controlava grandes empresas estatais, substituindo-o por um Estado fiscalizador e regulador. Desse modo, mesmo deixando de exercer pessoalmente algumas atividades como telefonia, distribuição de energia elétrica e administração portuária, o Estado brasileiro entendia ser necessário continuar fiscalizando tais atividades, muitas delas definidas na Constituição como monopólio da União Federal. O funcionamento adequado desses serviços, ademais, interessava ao desenvolvimento do país e envolvia justas expectativas da população consumidora.

No direito brasileiro, já existiam entidades públicas que exerciam atividades análogas. Era o caso do Instituto do Açúcar e do Álcool (IAA), criado em 1933 para regular o volume de produção das diferentes usinas brasileiras, com vistas a garantir níveis mínimos de preço. A CVM é outro exemplo de órgão com funções normativas e de fiscalização (Di Pietro, 2016), voltado à proteção do mercado e dos investidores.

Ainda assim, optou-se por entregar as funções de regulamentação e fiscalização a novas entidades especializadas, seguindo o modelo utilizado por países tidos como desenvolvidos. Então, a partir da década de 1990, surgiram no Brasil as chamadas *agências reguladoras*, como a Agência Nacional de Telecomunicações (Anatel), a Agência Nacional de Energia Elétrica (Aneel), a Agência Nacional de Aviação Civil (Anac), a Agência Nacional de Transportes Terrestres (ANTT) e a Agência Nacional do Petróleo, Gás Natural e Biocombustíveis (ANP).

Logo, "as agências reguladoras surgem com o firme propósito de controlar, por meio do planejamento e normatização, as atividades privadas na execução dos serviços de caráter público" (Madeira, 2010, p. 36). Como entidades da administração indireta, elas estão sujeitas ao princípio da especialidade, "significando que cada qual exerce e é especializada na matéria que lhe foi atribuída por lei" (Di Pietro, 2016, p. 575).

Nos casos da energia, dos transportes e das telecomunicações, a fiscalização já podia ser feita pelos ministérios correlatos, órgãos do Poder Executivo diretamente subordinados à presidência da República. Ainda assim, várias das atribuições dos ministérios foram transferidas para as agências reguladoras. Nesse sentido, cabe a elas, entre outras atribuições, fixar e alterar unilateralmente as cláusulas regulamentares, intervir, encampar, impor sanções etc. Embora as agências tenham sido criadas por diferentes leis, seus poderes, suas estruturas e suas características têm seguido certo padrão de homogeneidade (Di Pietro, 2016).

A solução encontrada na criação de tais entidades – típicas da década de 1990 – partia do princípio de que a modernização dos países em desenvolvimento (como o Brasil) seria realizada pela difusão do capital, das instituições e dos valores do Primeiro Mundo. Em outras palavras, países ricos teriam alcançado a prosperidade por terem cultivado sistemas jurídicos e valores superiores aos dos países não desenvolvidos (Davis; Trebilcock, 2009).

Neste ponto, voltamos à questão institucional e à discussão sobre até que ponto uma estrutura jurídica que evolui em determinado país, impulsionada por aspectos internos específicos, pode ser bem-sucedida em sociedades que não passaram pelo mesmo processo de evolução social. Desse modo – e esta é uma questão que ficou bem clara durante os debates que se seguiram à criação das primeiras agências reguladoras –, a inserção de soluções exógenas pode ser de difícil compreensão para os membros da sociedade que as recebe, pois eles não conhecem o sistema jurídico do qual tais soluções foram originadas (Davis; Trebilcock, 2009).

Além disso, por que retirar dos ministérios essas atribuições? Se recorrermos à área da telefonia como exemplo, concluímos que ela envolve tecnologias que estão em constante evolução. Assim, a fiscalização da atividade e da eficiência do serviço prestado precisa ser basicamente técnica e prestada por pessoas que conhecem bem o mercado. Afinal, a atuação desses sujeitos pode ensejar restrições às atividades das empresas do setor ou causar prejuízos aos consumidores. Ademais, a entidade responsável não pode servir aos interesses de grupos políticos inseridos nos ministérios. Desse modo, os diretores das agências reguladoras, seguindo o modelo adotado nos Estados Unidos, devem dispor de ampla independência funcional e consequentemente, enquanto estiverem cumprindo seus mandatos, não podem ser destituídos, nem mesmo pelo presidente da República.

Além da segurança concedida pelo mandato de seus diretores, as agências precisam dispor de recursos próprios para que não dependam do governo durante o cumprimento de suas atribuições. Por isso, elas também gozam de independência orçamentária e financeira, inclusive com a atribuição legal de fonte de recursos próprios na forma de taxas de fiscalização cobradas das entidades que fiscalizam (Madeira, 2010, p. 43).

Toda essa autonomia, seguindo os modelos exógenos, busca dar condições para que as agências desfrutem de um vasto poder normativo para disciplinar as atividades econômicas que estão sob sua responsabilidade. Esse sistema é chamado de *deslegalização*, pois permite às agências substituir parte das atribuições do Poder Legislativo, editando regulamentos que devem ser cumpridos pelas empresas do setor. Como ressalta Madeira (2010, p. 47, grifo nosso): "Surgido na França, o instituto da **deslegalização** traz em seu bojo a possibilidade de outras fontes normativas, estatais ou não, regularem por atos próprios determinada matéria, ou seja, é a retirada do âmbito da lei propriamente dita o condão de reger determinada matéria".

Essa atribuição normativa das agências (resultando em deslegalização) foi, e continua sendo, objeto de muitas críticas. Alega-se que ela fere o princípio da separação dos poderes, ao entregar a um ente da Administração Indireta atribuições que, naturalmente, competem ao Poder Legislativo. Por outro lado, o longo processo de votação de uma lei pelo Congresso Nacional nem sempre é ágil o bastante para atender às necessidades de setores que estão em constante transformação. Para

Madeira, a competência normatizadora atribuída às agências está de acordo com uma tendência de mitigação do princípio da separação dos poderes, aumentando a eficiência do Estado "pela distribuição de suas atribuições entre órgãos especializados" (Madeira, 2010, p. 45).

Di Pietro (2016), por outro lado, sustenta que apenas a Anatel e a ANP, por terem suas atribuições previstas na Constituição Federal como competências da União, em seus arts. 21, inciso XI, e 177, parágrafo 2º, inciso III (Brasil, 1988), têm função normativa mais ampla. As demais, além de regularem as próprias atividades, podem apenas conceituar, interpretar e explicitar conceitos cujo sentido exato precisa ser definido por órgãos técnicos especializados. Sendo assim, elas não podem "regular matéria não disciplinada em lei", e a função normativa que exercem "não pode, sob pena de inconstitucionalidade, ser maior do que a exercida por qualquer outro órgão administrativo ou entidade da Administração Indireta" (Di Pietro, 2016, p. 580).

O poder de regulamentar e fiscalizar seria incompleto se as agências não pudessem impor **sanções** às empresas infratoras – o que, de fato, faz parte das suas funções. Entretanto, isso deve ocorrer sempre se respeitando o direito à ampla defesa e ao contraditório, sem esquecer o controle das suas decisões pelo Poder Judiciário.

(4.5)
O Estado e a defesa da livre concorrência

A Constituição Federal de 1988, como já mencionamos, tem viés capitalista, embora mantenha forte preocupação social. A ordem econômica por ela fundada traz, ao lado da valorização do trabalho humano, a defesa da livre iniciativa e da livre concorrência (Brasil,

1988). São questões institucionais que afetam o conteúdo de uma série de normas e de ações estatais.

A livre concorrência, caso ocorra em uma sociedade, é dada pela condição que as empresas privadas apresentam de competir entre si sem que nenhuma leve vantagem em virtude de privilégios legais, de abuso do poder econômico ou do controle exclusivo de certos recursos (como gás, petróleo, cimento etc.). Se as empresas agem dentro da legalidade, os preços aplicados no mercado formam-se naturalmente, segundo as oscilações entre a oferta e a procura. Para a doutrina liberal, esse é o modelo ideal para a distribuição de bens e serviços entre os fornecedores e os consumidores, em uma economia capitalista (Sandroni, 1999).

> **Questão para reflexão**
>
> 1. Sobre as sociedades empresárias, estabeleça uma relação entre elas e as instituições econômicas reconhecidas pelo sistema constitucional brasileiro. Em seguida, reflita: De que forma a existência dessas sociedades colabora para que os produtos cheguem mais baratos às mãos dos consumidores?

Contudo, ao contrário do que previu Adam Smith, a livre iniciativa pode levar certos setores da economia à criação de monopólios naturais e oligopólios, além de também poder incentivar, sem controle algum, os empresários à criação de cartéis, que sempre causam prejuízos aos consumidores e, frequentemente, a outras empresas interessadas em participar da atividade econômica em questão.

No Quadro 4.1, a seguir, procuramos estabelecer as características dos cartéis, dos monopólios e dos oligopólios, para que você compreenda melhor o que são:

Quadro 4.1 – Conceitos úteis de *cartel*, *monopólio* e *oligopólio*

Cartel	Monopólio e oligopólio
Os cartéis são formados por empresas de um mesmo setor que, em vez de disputar espaço no campo da livre concorrência, obrigando-se a reduzir a margem de lucro para conquistar clientes, chegam a um acordo quanto aos preços que serão aplicados. Essa tendência é mais comum quando a qualidade e o custo de produção são semelhantes, como no caso do cimento e do gás (Guitton; Vitry, 1981). Segundo Sandroni (1999, p. 84), os objetivos mais comuns dos cartéis são: "1) controle do nível de produção e das condições de venda; 2) fixação e controle de preços; 3) controle das fontes de matéria-prima (cartel de compradores); 4) fixação de margens de lucros e divisão de territórios de operação".	"O monopólio [...], que tanto pode ser de direito, como de fato, visa a subtrair uma soma de negócios ou de operações ao regime da livre concorrência ou à lei da procura e da oferta, facultando ao monopolizador em se tornar o exclusivo senhor da praça" (Silva, 1991, p. 206). De acordo com Sandroni (1999, p. 431), o oligopólio é o "tipo de estrutura de mercado, nas economias capitalistas, em que poucas empresas detêm o controle da maior parcela do mercado. O oligopólio é uma tendência que reflete a concentração da propriedade em poucas empresas de grande porte, pela fusão entre elas, incorporação ou mesmo eliminação (por compra, *dumping* e outras práticas restritivas) das pequenas empresas".

Os Estados Unidos, que desde sua origem como nação independente sempre seguiram a ideologia de uma intervenção limitada do Estado na economia, sofreram com o surgimento de monopólios e oligopólios na transição do século XIX para o XX. Isso ocorreu nas áreas de petróleo, aço e tabaco e, de forma mais sutil, no campo das ferrovias e dos bancos. Os danos gerados ao mercado pelos monopólios e oligopólios levaram a nação norte-americana, nos primeiros anos do século XX, a estabelecer uma série de normas para impedir e punir tais práticas (Galbraith, 2004).

No campo das lâmpadas elétricas, produto considerado de alta tecnologia no fim do século XIX, as principais empresas norte-americanas baixavam consideravelmente seus preços (prática conhecida como *dumping*[3]) cada vez que uma empresa concorrente tentava entrar no mercado. Depois que a rival quebrava ou desistia do negócio, as grandes empresas voltavam a elevar os preços, com margens de lucro confortáveis. Em 1896, as duas grandes empresas que sobreviveram a essa luta firmaram um acordo de utilização mútua de suas patentes de invenção, aumentando suas vantagens competitivas em relação a qualquer outra futura rival (Mirow, 1979). Todas essas ações estavam absolutamente de acordo com a doutrina liberal, mas não chegavam ao resultado esperado por Adam Smith. A chamada *mão invisível* não funcionava a favor dos consumidores e da livre concorrência.

Levando em conta essa realidade, bem conhecida em todo o mundo, a Constituição Federal brasileira determina, em seu art. 173, parágrafo 4º, que a "lei reprimirá o abuso do poder econômico que vise à dominação dos mercados, à eliminação da concorrência e ao aumento arbitrário dos lucros" (Brasil, 1988).

Para concretizar essa determinação constitucional, foi criado, em 1965, o Conselho Administrativo de Defesa Econômica (Cade), uma autarquia federal vinculada ao Ministério da Justiça que tem a função de prevenir, investigar e reprimir infrações relativas à matéria concorrencial, com vistas a garantir a liberdade de iniciativa, a livre concorrência, a defesa dos consumidores e a repressão ao abuso do poder econômico.

---

3   Dumping: *"Prática comercial que consiste em vender produtos a preços inferiores aos custos, com a finalidade de eliminar a concorrência e/ou ganhar maiores fatias do mercado" (Sandroni, 1999, p. 187).*

Atualmente, o Cade está inserido no Sistema Brasileiro de Defesa da Concorrência (SBDC), que foi estruturado pela Lei n. 12.529, de 30 de novembro de 2011 (Brasil, 2011b). Essa norma, em seu art. 36, aponta várias infrações contra a ordem econômica que podem levar à penalização das empresas. É interessante salientar que as punições podem ser aplicadas mesmo que não fique caracterizada a culpa das empresas envolvidas; basta que haja dano ou risco de dano ao mercado.

Entre as práticas puníveis, podemos citar os seguintes exemplos, conforme art. 36, parágrafo 3º, da Lei n. 12.529/2011:

Art. 36. [...]

§ 3º [...]

I – acordar, combinar, manipular ou ajustar com concorrente, sob qualquer forma:

a) os preços de bens ou serviços ofertados individualmente;

[...]

III – limitar ou impedir o acesso de novas empresas ao mercado;

[...]

V – impedir o acesso de concorrente às fontes de insumo, matérias-primas, equipamentos ou tecnologia, bem como aos canais de distribuição;

[...]

VII – utilizar meios enganosos para provocar a oscilação de preços de terceiros;

[...]

XV – vender mercadoria ou prestar serviços injustificadamente abaixo do preço de custo; (Brasil, 2011b)

O Cade pode impor multas rigorosas, além de outras penalidades previstas no art. 38 da Lei n. 12.529/2011, tais como:

Art. 38. [...]

II – a proibição de contratar com instituições financeiras oficiais e participar de licitação [...] por prazo não inferior a 5 (cinco) anos;

III – a inscrição do infrator no Cadastro Nacional de Defesa do Consumidor;

[...]

V – a cisão de sociedade, transferência de controle societário, venda de ativos ou cessação parcial de atividade;

VI – a proibição de exercer o comércio em nome próprio ou como representante de pessoa jurídica, pelo prazo de até 5 (cinco) anos; (Brasil, 2011b)

Como podemos perceber, a atuação do Cade contrasta bastante com o que estudamos sobre o Estado liberal não intervencionista.

A multa que pode ser cobrada das empresas tem levantado algumas controvérsias. O art. 37 da Lei n. 12.529/2011 determina que a prática de infração da ordem econômica sujeita o responsável a:

Art. 37. [...]

I – no caso de empresa, multa de 0,1% (um décimo por cento) a 20% (vinte por cento) do valor do faturamento bruto da empresa, grupo ou conglomerado obtido, no último exercício anterior à instauração do processo administrativo, no ramo de atividade empresarial em que ocorreu a infração, a qual nunca será inferior à vantagem auferida, quando for possível sua estimação; (Brasil, 2011b)

Alguns alegam que limitar o teto a 20% do faturamento bruto do exercício anterior é insuficiente, se a infração se arrastou por vários anos. O raciocínio é o mesmo para o fato de que a norma estipula que a multa "nunca será inferior à vantagem auferida" (Brasil, 2011b), pois isso garante aos infratores o risco de perder apenas aquilo que obtiveram ilicitamente. As duas situações, em muitos casos, poderiam servir de estímulo às infrações.

Um levantamento feito pelos jornalistas Júlio Wiziack e Mariana Carneiro (Wiziack; Carneiro, 2017), da Folha de S. Paulo, mostra uma lista de multas bastante expressivas, algumas delas aplicadas antes da lei atual.

No caso do cartel dos gases industriais, em 2010, a multa foi de 2,9 bilhões de reais. Em 2004, a Ambev recebeu uma multa de 352,6 milhões de reais por, supostamente, prejudicar a concorrência ao conceder descontos aos estabelecimentos que adquirissem, ao menos, 90% de produtos da sua marca (Wiziack; Carneiro, 2017).

Um suposto cartel no transporte aéreo de cargas gerou uma multa de 293 milhões de reais em 2013. Houve, ainda, o cartel do cimento, multado em 3,1 bilhões de reais por causa da manipulação de preços, de arranjos entre as empresas quanto às quantidades a serem comercializadas, de divisão do mercado, entre outras infrações (Wiziack; Carneiro, 2017).

No tocante às cimenteiras, o problema é antigo no Brasil e reflete um panorama mundial. Em 1976, por exemplo, os jornais de São Paulo noticiaram a tentativa de empresas estrangeiras em assumir o controle da produção de cimento no estado utilizando estratégias de *dumping* e cartel. A prática do cartel era facilitada pelo fato de que as máquinas e instalações usadas para a fabricação de cimento, na década de 1970, eram de origem estrangeira, "não permitindo a entrada de intrusos neste setor da indústria de bens de capital" (Mirow, 1979, p. 140).

Contudo, para alguns estudiosos da economia e do direito, o sistema econômico atual está centralizado nas grandes empresas, que controlam centenas de marcas em diferentes setores. Essa concentração não seria uma mazela, mas a própria natureza do modelo atual de economia de mercado. Desse modo, a tendência à formação natural de monopólios e oligopólios "não se modificará com mera determinação legal formal, senão com as transformações de seus próprios fundamentos" (Silva, 2017, p. 810).

Síntese

Neste capítulo, verificamos que a existência das sociedades empresárias, do mercado de capitais e do Cade está intimamente ligada ao ambiente institucional experimentado no Brasil e à relação do Estado com o mercado. Nessa estrutura, a ampla liberdade para empreender caminha lado a lado com uma atividade fiscalizatória estatal. A prerrogativa de empreender é do setor privado; ao Estado, cabe proteger os consumidores, os investidores e a livre concorrência.

Também concluímos que o Ocidente criou uma estrutura engenhosa de pessoas jurídicas adaptadas especificamente a captar recursos ociosos e transformá-los em atividades lucrativas e geradoras de empregos: as sociedades empresárias. Entre elas, destacam-se, no Brasil, as sociedades limitadas e as sociedades anônimas; cada uma delas se mostra mais adequada a determinados tipos de atividade empresarial. No caso das sociedades anônimas abertas, naturalmente se gera a necessidade de um mercado de capitais, que precisa ser fiscalizado para evitar prejuízos aos investidores e consumidores.

Por fim, analisamos as funções das agências reguladoras e abordamos as responsabilidades do Cade, que atua no campo de fiscalização do mercado.

Questões para revisão

1. Nas sociedades limitadas, o sócio remisso é aquele que:
   a) Dirige a sociedade.
   b) Tem o maior número de quotas na sociedade.
   c) Não integralizou o capital da sociedade.
   d) É o responsável tributário da empresa.

2. As sociedades limitadas são as mais comuns entre as sociedades empresárias existentes no Brasil. Sobre as sociedades limitadas, é possível afirmar que:
   a) têm o seu capital social dividido em ações.
   b) são fiscalizadas pela Comissão de Valores Mobiliários (CVM).
   c) devem estar registradas na junta comercial do estado em que estiverem sediadas.
   d) apenas os sócios podem ser escolhidos para administrar a empresa.

3. Sobre as características das sociedades anônimas abertas, analise as afirmativas a seguir:
   i) Sua diretoria é eleita pelo conselho de administração.
   ii) Suas ações ordinárias não conferem direito a voto.
   iii) Nelas, a existência de um conselho fiscal é facultativa.

   A seguir, assinale a alternativa que apresenta a(s) afirmativa(s) correta(s):
   a) Apenas a I.
   b) Apenas I e III.
   c) Apenas II e III.
   d) I, II e III.

4. A par do que discutimos neste capítulo, descreva a finalidade da existência da Comissão de Valores Mobiliários (CVM).

5. Com base no que estudamos neste capítulo, explique qual é o papel do Conselho Administrativo de Defesa Econômica (Cade) para a economia brasileira.

Capítulo 5
Estado, tecnologia e
desenvolvimento econômico

Conteúdos do capítulo:

- Conceito de *invenção* e de *modelo de utilidade*.
- Evolução do sistema de patentes.
- Normas gerais sobre patentes de invenção e de modelo de utilidade.
- *E-business*.

Após o estudo deste capítulo, você será capaz de:

1. identificar a relação entre o Estado, os inventores e o desenvolvimento tecnológico;
2. explicar o que são as patentes e como elas foram recebidas pelo sistema jurídico internacional;
3. explicar o papel estratégico das patentes para as empresas e os Estados;
4. perceber quais são as regras básicas que disciplinam as patentes no Brasil e no comércio exterior;
5. discutir o papel do *e-business* no mercado de consumo atual.

Iniciemos este capítulo pensando em um fato corriqueiro da vida, como a reforma de um imóvel. Existem várias empresas que fazem esse tipo de serviço, muitas delas com anos de experiência. Porém, sabemos que, entre todas elas, existem imensas diferenças de preço e de qualidade no serviço. Quanto a este último quesito, há uma grande influência da mão de obra, das habilidades do arquiteto responsável e, sem dúvida alguma, da tecnologia utilizada, a qual pode estar representada nos materiais, nas máquinas e até nos processos empregados para a realização do serviço. O uso da tecnologia, portanto, diferencia uma empresa de outra. Trata-se de um aspecto que, em muitos casos, contribui para convencer o consumidor a aceitar o ônus de pagar mais caro, por exemplo, pela reforma do imóvel. Por isso, as empresas precisam não só utilizar a tecnologia a seu favor, mas também gerenciar as tecnologias que estão à disposição.

Neste capítulo, portanto, estudaremos a relação entre tecnologia e Estado, sempre levando em consideração o que é interessante aos empreendedores. Além disso, abordaremos o papel da tecnologia no desenvolvimento econômico dos povos. Esse é um dos gargalos que afetam o futuro do Brasil e de outros países em desenvolvimento. Temos de começar a compreender por que isso ocorre.

Estudo de caso

A importância da vantagem competitiva

A empresa Y, que se dedica à área de manutenção predial, desenvolveu uma tecnologia eficiente e barata para o desentupimento de tubulações de esgoto. Com preços menores, a empresa começou a participar de licitações para desentupir os encanamentos de prédios e redes de esgoto públicos. Contudo, os administradores da empresa não se deram conta de que essa nova tecnologia poderia ser patenteada no

Instituto Nacional da Propriedade Industrial (Inpi), o que lhes concederia uma proteção especial pelo prazo de 20 anos.

Com o descuido dos empreendedores, a tecnologia acabou caindo nas mãos de empresas concorrentes que, um ano depois, passaram a utilizar aquela inovação. Quando finalmente os dirigentes da empresa Y quiseram requerer a patente, o prazo já havia expirado.

A invenção não era mais uma novidade no mercado e, assim, caiu em domínio público. A vantagem competitiva da desentupidora Y em relação à concorrência perdera-se por puro desconhecimento das regras relativas à propriedade industrial. Infelizmente, fatos como este são bastante comuns.

(5.1)
TECNOLOGIA E MERCADO

O que é uma invenção? Essa não é uma pergunta com resposta fácil. Para Denis Barbosa (2003, p. 263, grifo do original): "Invento é **uma solução técnica para um problema técnico**".

Os avanços tecnológicos sempre tiveram impacto sobre a vida humana. Por exemplo, moer o trigo em um moinho de vento é muito mais fácil que com a força manual, usando um pilão; cozinhar em um forno a lenha é mais eficiente que em uma fogueira. Atualmente, existem à disposição fornos domésticos repletos de tecnologia, com pequenos detalhes que abrangem controle da temperatura, tempo de cozimento, isolamento térmico, além de mecanismos de segurança para evitar acidentes. Todas essas invenções aumentaram a eficiência da maneira como preparamos nossos alimentos. Porém, durante séculos, os inventores não tinham qualquer privilégio sobre suas criações, nenhuma regra proibia que as criações fossem copiadas por outras pessoas.

Nesse sentido, as novas tecnologias logo se tornavam parte da cultura comum das comunidades e eram amplamente compartilhadas entre as pessoas. Atualmente, no entanto, elas podem ter um dono, alguém com poder para autorizar ou negar seu uso por terceiros. A seguir, explicamos por que os avanços tecnológicos, que ao longo da história da humanidade pertenceram a todos que a eles tinham acesso, tornaram-se bens privados e exclusivos.

Com a intensificação do comércio, a tecnologia passou a colocar os produtores em posição de vantagem em relação aos outros participantes do mercado, e o mesmo se deu entre os países. Na Idade Média, por exemplo, se uma cidade italiana produzia um vidro colorido de melhor qualidade, capaz de chamar a atenção dos consumidores, seus artesãos tinham maior facilidade para comercializar a produção e vendê-la em diferentes cidades da Europa, por um preço superior. Essa tecnologia, desenvolvida por aquele pequeno grupo de artesãos, dava à cidade de origem uma **vantagem competitiva** sobre as concorrentes.

Para manter essa vantagem, eles precisavam guardar certos segredos, isto é, impedir que os processos de manufatura chegassem ao conhecimento de outros produtores. Logo, os artesãos passaram a se organizar em grupos que ficaram conhecidos como *corporações de ofício*. Assim, os segredos somente poderiam ser compartilhados com novos membros da corporação. Em muitos casos, porém, em virtude de espionagem, suborno, entre outros fatores, tais segredos acabavam sendo apropriados por outros grupos. A vantagem competitiva se perdia e o produto, de qualidades tão especiais, passava a ser fabricado em diferentes centros de produção, que competiam entre si. O número de unidades ofertadas também aumentava, fazendo o preço do produtor cair. Como não havia proteção aos inventores, isso acontecia sem que qualquer crime fosse cometido.

No entanto, com o surgimento dos Estados modernos e sua administração centralizada, essa situação começou a mudar. Chegou a época do mercantilismo, em que os países intensificaram suas práticas protecionistas para reter metais preciosos e dinheiro, lutavam por balanças comerciais positivas, isto é, buscavam exportar mais do que importar. Para tanto, a manutenção de vantagens competitivas nacionais era fundamental.

Nesse novo panorama, em 1623 a Inglaterra editou o *Statute of Monopolies*, que concedia a alguns inventores o monopólio sobre suas criações. Em tese, atribuía-se ao desenvolvedor a exclusividade pela fabricação de um novo produto. Um dos objetivos dessa lei era estimular os inventores ingleses, fomentando o progresso científico. A legislação também pretendia impedir que cópias dos produtos criados chegassem à Inglaterra para competir com os produtores locais. Embora a utilização desse estatuto tenha sido muito deturpada para proteger criações sem teor inventivo, ela ainda hoje é apontada como uma das bases para a Revolução Industrial que impulsionou a economia inglesa no século seguinte.

Nesse momento histórico, afirma Cláudio Barbosa (2009, p. 25), "as informações deixam de ser apenas do criador e passam a representar um valor para o comerciante, o empresário e, acima de tudo, para o Estado, que se consolidava como instrumento apto a oferecer proteção e permitir o desenvolvimento desses novos empreendimentos".

No final do século XVIII, leis mais modernas, relativas à proteção dos inventores, foram promulgadas nos Estados Unidos e na França. O objetivo era incentivar a indústria local, "oferecendo uma proteção ao inventor em troca da disponibilização do conhecimento para toda a sociedade ao final do prazo de exclusividade" (Souza, 2014b, p. 35). Os inventores, quando tinham sua exclusividade reconhecida pelo Estado, recebiam um documento conhecido como *carta de patente*.

Por isso, ainda hoje, dizemos que alguém tem ou obteve uma patente, para afirmar que essa pessoa tem a titularidade sobre uma invenção. De acordo com Denis Barbosa (2010, p. 1099), "uma patente, na sua formulação clássica, é um direito, conferido pelo Estado, que dá ao seu titular a exclusividade da exploração de uma tecnologia". Toda invenção é um produto da mente humana. Desse modo, a descoberta de uma nova espécie animal ou de uma molécula existente nas secreções de um anfíbio não caracteriza *invento*, pois são elementos que já existiam na natureza. A invenção é algo que brota da mente humana, então, não possui matéria ou corpo. Assim, considera-se que ela é um **bem**[1] **imaterial**.

A imaterialidade traz grandes complicações práticas, que tornam difícil a proteção aos inventores. Por ser um **bem incorpóreo**, a invenção não pode ser controlada fisicamente. Assim, sua descrição detalhada pode ser copiada, inúmeras vezes, pelos mais variados meios, sem que o inventor se dê conta disso. Em poucas horas, uma invenção mantida em segredo pode ser divulgada para a humanidade, por meio da internet. Da mesma forma, pode ser fabricada em diferentes países, por diversas empresas, contra a vontade do inventor. Por fim, o conhecimento é um **bem público**, sob o ponto de vista econômico, porque pode ser consumido "por várias pessoas, simultaneamente, sem qualquer atenuação de suas características" (Barbosa, 2009, p. 11).

Esse é um problema que preocupa especialmente os países desenvolvidos, por serem grandes produtores de tecnologia, e portanto perderem bilhões de dólares por ano, em suas balanças comerciais

---

1 *Para o direito, bem é tudo aquilo que tem valor patrimonial (econômico), como um automóvel, uma casa, um lápis ou uma invenção.*

e na arrecadação de tributos, em virtude de violações na área da propriedade intelectual.

De fato, do século XVIII até os nossos dias, muita coisa mudou quanto ao perfil do desenvolvimento tecnológico. Nas situações mais relevantes, como na área farmacêutica, o inventor não é mais uma pessoa física que trabalha em casa, são laboratórios imensos, com pesquisadores que pertencem a diferentes áreas científicas e orçamentos de centenas de milhões de dólares. O inventor é, nesses casos, uma empresa detentora de inúmeras patentes, lutando por espaço com outras organizações de grande porte. Situação semelhante acontece nos setores automobilístico e de telefonia celular, bem como na área de telecomunicações como um todo.

Igualmente relevante é o papel que a tecnologia exerce atualmente na sociedade. Quando o sistema capitalista começou a ganhar força, media-se a riqueza de um homem pela dimensão de suas terras e prédios, pelo número de empregados ou pelo volume de seu estoque de produtos. A riqueza, desse modo, era algo palpável e visível. A situação ainda era essa no início do século XX, mas se pensarmos nas maiores empresas do século XXI, elas não são donas de fazendas, tampouco famosas por suas fábricas. O seu diferencial e seu produto final são a tecnologia. Basta lembrar das empresas Google, Microsoft e Facebook, que estão entre as maiores do mundo.

Como sabemos, a tecnologia está em toda parte. Atualmente, as empresas e os Estados trabalham muito com as noções de *inovação* e de *gestão tecnológica* (GT). Essas noções estão intimamente relacionadas à eficiência e à competitividade das organizações. Se queremos comprar uma bicicleta, instintivamente avaliamos a relação custo-benefício entre o preço ofertado e a tecnologia oferecida. Se temos um limite de R$ 900,00 para gastar com a bicicleta, podemos buscar uma marca razoável ou nos fixar em uma menos famosa que ofereça melhores recursos tecnológicos. O mesmo ocorre para um tênis de corrida, um relógio, um telefone celular, um automóvel etc. É um equívoco um empresário dizer que sua empresa é muito pequena e por isso a tecnologia não interessa a ele. A tecnologia faz diferença até mesmo para uma barraca de churros e pode estar relacionada à boa conservação dos ingredientes, ao menor gasto de óleo, à energia para esquentar o recipiente que frita os churros, à temperatura alcançada na fritura etc. Tudo isso afeta o custo, a produtividade e a qualidade final do produto. Podemos acreditar que boa parte dessa tecnologia pode ser desenvolvida pelo próprio empresário, porém deve ser também protegida, para não cair nas mãos da concorrência. Para que as conquistas próprias não caiam em mãos erradas, existe a gestão tecnológica. De acordo com Sáenz e Capote (2002, citados por Natume; Carvalho; Francisco, 2008, p. 3), a gestão tecnológica pode ser definida como

> *a gerência sistemática de todas as atividades no interior da empresa com relação à geração, aquisição, início da produção, aperfeiçoamento, assimilação e comercialização das tecnologias requeridas pela empresa, incluindo a cooperação e alianças com outras instituições; abrange também o desenho, promoção e administração de práticas e ferramentas para a captação e/ou produção de informação que permita a melhoria continuada e sistemática da qualidade e da produtividade.*

Todas essas características reforçam a necessidade, dentro do nosso sistema econômico, de proteger o dono de uma invenção. Segundo Souza (2014b, p. 29), a falta de uma proteção jurídica aos inventores pode gerar dois paradoxos na sociedade, a saber:

1. *o criador (para cobrir os custos da pesquisa) seria obrigado a cobrar mais caro pelo produto do que aqueles concorrentes que simplesmente se apoderaram da informação [...];*
2. *outros empreendedores, que teriam o gênio e os recursos necessários para desenvolver novas tecnologias, deixariam de fazê-lo, muitas vezes ignorando até demandas já existentes, por não ser lucrativo despender recursos sem garantia de exclusividade.*

Em tal cenário, a livre concorrência poderia jogar o preço de venda rumo ao custo marginal [...], impedindo ao inventor inserir no seu preço uma fração que lhe permita recuperar seu investimento com pesquisa e desenvolvimento. Com o tempo, os inventores deixariam o mercado, gerando escassez de inovações, em um desfecho que não interessa a ninguém [...]. As leis de patente surgem para evitar este resultado.

Assim, existem justificativas econômicas para que o Estado proteja os inventores. Porém, isso não significa que o regime de patentes seja bem aceito pela sociedade. Talvez ainda haja um divórcio entre as normas de propriedade intelectual e os valores da nossa sociedade, o que se reflete na aquisição consciente de produtos piratas em nosso país, visível em feiras livres por todo o território.

Não há dúvidas de que o sistema de patentes estimulou o surgimento de grandes avanços tecnológicos. Seriam as patentes compatíveis com o instituto da livre concorrência? Há coerência em transformar uma concepção da mente humana em mercadoria e restringir seu uso? Félix Rozanski (citado por Zuccherino e Mitelman, 1994, p. 59, tradução nossa), afirma que: "A patente de invenção não limita, restringe ou distorce a concorrência. Ao contrário. Ao facilitar a inovação, a patente permite incorporar ao mercado um produto que antes não existia". Dentro desse contexto, o direito da propriedade industrial garante a proteção das empresas inovadoras em um mercado de livre concorrência e de produção em massa.

Ainda quanto à livre concorrência, se por um lado a patente assegura a seu dono uma posição vantajosa, por outro não o imuniza estando sujeito a ser superado por seus competidores. Afinal, a patente estimula os concorrentes a buscar produtos diferentes que atendam à mesma demanda dos clientes do titular da patente. É por essa razão que, por exemplo, existem diferentes modelos de telefone celular, com diferentes características, aplicativos, formatos, preços etc.

(5.2)
Expansão do sistema de patentes

Na segunda metade do século XIX, já ficara claro que a intensificação do comércio, graças às novas tecnologias de transporte a vapor (navios e trens) e de comunicação via telégrafo, facilitava a divulgação e a cópia das novas tecnologias em todos os cantos do mundo, trazendo prejuízo para alguns inventores, incapazes de obter proteção fora de seus países de origem.

Nessa época, cada Estado tinha leis de proteção a patentes com características próprias. O prazo de proteção aos inventores variava entre 5 e 20 anos, e cada país regulava o nível de proteção jurídica de modo a favorecer seus habitantes nativos e seus residentes, assim como ramos específicos da indústria local. Desse modo, países que desejavam estimular sua própria indústria química evitavam conceder patentes nessa área, para que seus empresários pudessem copiar, impunemente, as tecnologias estrangeiras. Entretanto, o caso não se restringia a isso; as leis dos diferentes países criavam regras que prejudicavam os inventores estrangeiros. Era o caso dos Estados Unidos, que, entre 1790 e 1836, negavam o deferimento de patentes a pessoas que não residiam no território norte-americano. Quando o país alterou essa política, fixou uma taxa em valor dez vezes maior para os pedidos formulados por estrangeiros (Barton, 2005).

As leis nacionais não eram suficientes para, no exterior, proteger os inventores e as empresas que investiam em tecnologia. As empresas, então, começaram a pressionar seus governos para que elaborassem um tratado internacional que conferisse mais segurança a seus negócios no exterior. Essas questões resultaram, em 1883, em um acordo denominado Convenção da União de Paris para a Proteção da Propriedade Industrial (CUP).

Dessa convenção, que também cuida da proteção das marcas de produtos e serviços participam atualmente mais de 160 nações e, à época de sua criação, tinha por objetivo promover "a internacionalização de determinados princípios, a serem adotados por seus países-membros", os quais, paralelamente, deveriam disciplinar "o sistema de propriedade industrial em suas legislações nacionais" (Di Blasi, 2010, p. 220).

Sua base estava no princípio do "tratamento nacional", referido no art. 2º da CUP (Convenção..., 1967), o qual determina que os países signatários devem conceder aos estrangeiros de países signatários os mesmos direitos que concedem a seus nacionais. Assim, um inventor italiano pode obter proteção para sua criação em todos os 160 países signatários (desde que eles tenham uma lei de patentes) (Convenção..., 1967). Para tanto, ele tem 12 meses para fazer os pedidos de patente perante os diferentes países da convenção, a contar da data do primeiro pedido.

Por fim, entre os vários aspectos relativos à atual redação da CUP, há um que teve muita importância no direito brasileiro, segundo o qual os países-membros podem negar a concessão de patente para alguns ramos da tecnologia. Assim, um país poderia negar patentes sobre remédios ou sobre alimentos, por exemplo. As consequências dessa brecha, para o Brasil, serão explicadas na Seção 5.3.

De toda sorte, para fechar essa brecha, os países desenvolvidos, quando da criação da Organização Mundial do Comércio (OMC), em 1995, estabeleceram uma condição especial de ingresso nessa entidade: todo membro da OMC está obrigado a assinar um acordo para que a lei interna de cada país proteja todos os ramos de invenções, além de fixar padrões mínimos de proteção. Trata-se do Acordo TRIPs – Trade-Related Aspects of Intellectual Property Rights (em português, Acordo Sobre Aspectos dos Direitos de Propriedade Intelectual Relacionados ao Comércio), em vigor desde 1995.

O acordo TRIPs constitui o reconhecimento explícito, pela comunidade internacional, de que as patentes somente podem alcançar plena efetividade em um contexto de integração econômica mundial (Cabanellas de las Cuevas, 2004, p. 17). Isso também se justifica dentro do entendimento de que algumas tecnologias exigem pesquisas tão dispendiosas que a lucratividade do empreendimento demanda acesso ao mercado mundial.

(5.3)
A TECNOLOGIA E O ESTADO BRASILEIRO

No Brasil, o primeiro privilégio concedido a um inventor ocorreu em 1752, garantindo-lhe o gozo de um monopólio pelo prazo de 10 anos. Tratava-se de uma máquina de descascar arroz (Di Blasi; Garcia; Mendes, 1998, p. 7).

Infelizmente, em 1785, a rainha de Portugal editou um alvará proibindo o estabelecimento de indústrias no Brasil. Segundo ela, as atividades fabris estavam desviando a mão de obra necessária para outras atividades, como a mineração de ouro. Se essa justificativa correspondia, realmente, ao pensamento da Coroa Portuguesa, ela demonstrava a dificuldade de abandonar o raciocínio mercantilista, que priorizava a obtenção de metais preciosos.

Contudo, entre os historiadores, há a suspeita de que as razões pudessem ser outras: os produtos manufaturados no Brasil prejudicavam as importações de produtos semelhantes vindos de Portugal. De qualquer forma, a decisão do Estado português causou grande prejuízo ao desenvolvimento tecnológico brasileiro, até a chegada da Família Real portuguesa, em 1808.

Quando a corte portuguesa precisou fugir das tropas de Napoleão Bonaparte, o Rio de Janeiro se tornou capital do Império Português. O príncipe regente, D. João, logo se viu obrigado a criar instituições de ensino superior. Ele promulgou, ainda, a primeira norma sobre patentes de invenção, concedendo privilégio exclusivo aos inventores pelo prazo de 14 anos (Barbosa, 2010). O Brasil foi, assim, um dos primeiros países do mundo a ter uma norma sobre esse tema, além de ter sido, em 1883, uma das poucas nações a aderir imediatamente à CUP, embora seja difícil compreender qual teria sido a utilidade disso para o país naquele momento, uma vez que não era um grande produtor de tecnologia. Assim, a estratégia mais natural seria a de não proteger tecnologias estrangeiras em nosso território.

Contudo, a CUP deixou uma brecha que foi usada pelo Brasil em algumas ocasiões, a qual consistia na possibilidade de a lei nacional negar a concessão de patentes a alguns ramos da tecnologia. O Brasil se valeu dessa liberdade, entre 1971 e 1996, para negar o direito de patentes de produtos e de processos farmacêuticos e alimentícios, assim como de produtos químicos. Com isso, o governo brasileiro pretendia estimular o surgimento de indústrias brasileiras em tais áreas, pois os empresários brasileiros ficariam livres para copiar tecnologias estrangeiras e vender seus produtos no Brasil e em outros países que adotassem políticas semelhantes, como a Índia. Ademais, essa estratégia permitia o barateamento dos produtos copiados, causado pelo aumento da concorrência e por não se pagarem *royalties*[2] às empresas estrangeiras que originalmente os desenvolveram. Tal manobra foi, até certo ponto, bem-sucedida.

Podemos ilustrar essa situação com o exemplo do laboratório britânico Glaxo. Em 1991, tratava-se da segunda maior empresa farmacêutica do mundo, titular da patente da ranitidina, um antiulceroso revolucionário. No entanto, no Brasil, a Glaxo era obrigada a dividir o mercado da ranitidina com cincos laboratórios locais que produziam o medicamento sem licença (Tachinardi, 1993).

Os Estados Unidos sentiam-se prejudicados pela legislação brasileira e, a partir da década de 1980, começaram a pressionar o governo brasileiro por uma mudança normativa. Depois de algum tempo, iniciaram uma política de sanções econômicas ao Brasil, que se materializaram por meio de uma tarifa de importação de 100% *ad valorem* sobre certos tipos de papéis, produtos químicos e eletrônicos fabricados no Brasil (Di Blasi, 2010), causando prejuízos a diversos setores da nossa economia.

Essas pressões surtiram efeito, e o Brasil começou a elaborar um projeto de lei que passava a proteger praticamente todos os ramos da tecnologia. Paralelamente, a entrada do Brasil na OMC obrigou o país a assinar o acordo TRIPs, o que, na prática, gerava os mesmos efeitos. A norma que materializa a atual fase da propriedade industrial brasileira é a Lei n. 9.279, de 14 de maio de 1996 (Brasil, 1996).

---

2 Royalties *designam os valores pagos ao titular de uma patente pelos direitos de sua exploração. Normalmente, variam entre 2% e 5% do valor de venda do produto.*

Em seu art. 18, essa lei menciona as únicas invenções que não são passíveis de patenteamento no Brasil, a saber:

> Art. 18. *Não são patenteáveis:*
>
> *I – o que for contrário à moral, aos bons costumes e à segurança, à ordem e à saúde públicas;*
>
> *II – as substâncias, matérias, misturas, elementos ou produtos de qualquer espécie, bem como a modificação de suas propriedades físico-químicas e os respectivos processos de obtenção ou modificação, quando resultantes de transformação do núcleo atômico; e*
>
> *III – o todo ou parte dos seres vivos, exceto os micro organismos transgênicos que atendam aos três requisitos de patenteabilidade – novidade, atividade inventiva e aplicação industrial – previstos no art. 8º e que não sejam mera descoberta.* (Brasil, 1996)

O advento da Lei n. 9.279/1996 teve consequências difíceis de medir, no cenário brasileiro. Porém, é certo que países com mão de obra qualificada e que investem em tecnologia exportam produtos com alto valor agregado. Sob essa ótica, nos últimos anos, o Brasil voltou a ser, basicamente, um exportador de produtos agrícolas, além de carne, petróleo cru e minério. Milhares de vagões de trem e caminhões são necessários para escoar nossos produtos até os navios que os levam para os quatro cantos do mundo. Lamentavelmente, uma tonelada desses produtos costuma valer menos do que um *smartphone* importado de última geração, que pesa menos de 150 gramas.

Nações como Reino Unido, Estados Unidos e Japão têm grande tradição em pesquisas científicas, e as principais universidades localizadas nesses países requerem centenas de patentes por ano. Por isso, há um grande número de pesquisadores e muitos recursos financeiros para o desenvolvimento de novos projetos. Já a situação do Brasil e de outros países em desenvolvimento é absolutamente inversa. Estes são os países importadores de tecnologia e pagadores de *royalties*.

O Brasil constituiu um órgão específico para cuidar da concessão de patentes de invenção e de modelos de utilidade. É o Instituto Nacional da Propriedade Industrial (Inpi), uma autarquia federal vinculada ao Ministério da Indústria, Comércio Exterior e Serviços, que cuida também dos "registros de marcas, desenhos industriais, indicações geográficas, programas de computador e topografias de circuitos" (Brasil, 2017a).

A adesão do Brasil ao acordo TRIPs levou a um aumento considerável no número de pedidos de patentes, gerando reflexos negativos sobre a estrutura do Inpi. Entre esses problemas, surgiu a questão da falta de mão de obra especializada dentro no instituto para o exame dos pedidos. Isso porque, para a concessão de uma patente, é necessário que a invenção esteja corretamente descrita, de modo a possibilitar sua realização por um técnico no assunto – conforme exposto no art. 24 da Lei n. 9.279/1996 (Brasil, 1996).

Para saber mais

BRASIL. Ministério da Indústria, Comércio Exterior e Serviços. INPI – Instituto Nacional de Propriedade Industrial. **Guia básico de patente**. 23 out. 2017. Disponível em: <http://www.inpi.gov.br/menu-servicos/patente/guia-basico-de-patente>. Acesso em: 26 fev. 2018.

Consulte o guia básico do Inpi sobre patentes acessando o *link* oficial dessa autarquia.

Em um estudo publicado no início de 2012, o Inpi estimou ser necessário "ampliar seu quadro de especialistas em 130% para atingir a meta de examinar patentes em quatro anos até 2015" (Brasil, 2012). A questão fica ainda mais sensível quanto aos pedidos que envolvem o exame de tecnologias de ponta. Em suma, por falta de investimento, o Inpi não tem conseguido analisar os pedidos depositados dentro de um prazo razoável, o que gera insegurança jurídica para os requerentes. Apesar das contratações realizadas a partir de 2015, muitas patentes ainda demoram dez anos para ser concedidas.

(5.4)
A REGULAMENTAÇÃO DAS PATENTES

Como regra geral, uma invenção, quando patenteada, goza de proteção especial pelo prazo de 20 anos, a contar da data do pedido (art. 40 da Lei 9.279/1996). Durante esse prazo, o titular da patente tem o direito de impedir que terceiros, sem seu consentimento, produzam, usem, coloquem à venda ou importem o produto objeto de patente ou, ainda, processo ou produto obtido diretamente por processo patenteado (conforme art. 42 da Lei n. 9.279/1996). Após esse período, a invenção cai em domínio público e pode ser utilizada por qualquer pessoa. Esse prazo não pode ser renovado em hipótese alguma. Contudo, se o Inpi demorar mais de dez anos para examinar o pedido e conceder a patente, tal prazo poderá ser aumentado.

Trata-se de um prazo dado para que o inventor recupere o valor investido e obtenha um lucro justo como prêmio por sua inventividade. Ele pode fazê-lo explorando pessoalmente a invenção ou licenciando sua exploração a terceiros.

A possibilidade de obter uma patente também é um estímulo para que os inventores corram alguns riscos, pois, em muitas situações, o investimento em tecnologia não é bem-sucedido. Há vários casos de empresas farmacêuticas que investiram milhões em remédios que nunca puderam ser fabricados por apresentarem efeitos colaterais danosos ou baixa eficiência. Em outras situações, um projeto, embora muito bom, pode não ser levado adiante porque uma empresa rival conseguiu, paralelamente, desenvolvê-lo primeiro e requereu a patente. A Lei n. 9.279/1996, em seu art. 7º, explica por que isso pode ocorrer: "Se dois ou mais autores tiverem realizado a mesma invenção ou modelo de utilidade, de forma independente, o direito de obter patente será assegurado àquele que provar o depósito mais antigo, independentemente das datas de invenção ou criação" (Brasil, 1996).

Embora o Estado brasileiro reconheça o direito do inventor, nem todas as invenções podem ser patenteadas. Então, o que merece a proteção do Estado? Essa é uma pergunta muito importante, pois, se o país protegesse todos os tipos de criação, poderia criar um embaraço injusto para a sociedade.

Assim, o art. 8º da Lei n. 9.279/1996 determina que somente pode ser patenteada a invenção "que atenda aos requisitos de novidade, atividade inventiva e aplicação industrial" (Brasil, 1996).

A **novidade** é um fator fundamental. Isto quer dizer que, mesmo que uma pessoa descubra que o cadarço de sapato nunca foi patenteado, não poderá requerer a patente desse objeto. Isso porque, no presente momento, ele é uma solução que já se encontra há séculos no "estado da técnica" (Brasil, 1996). O **estado da técnica** representa algo que já é conhecido, no meio científico ou pelo público, há mais de 12 meses. Segundo o art. 11, parágrafo 1º, da Lei n. 9.279/1996, o "estado da técnica é constituído por tudo aquilo tornado acessível ao público antes da data de depósito do pedido de patente, por descrição escrita ou oral, por uso ou qualquer outro meio, no Brasil ou no exterior" (Brasil, 1996).

Apenas para trazer à luz uma situação bem comum: alguém inventa um produto e o comercializa, tornando-o acessível a qualquer pessoa, mas demora três anos para requerer a patente; assim, o produto, que não é mais uma novidade, passa a integrar o estado da técnica e deixa de ser patenteável. Em outras palavras, o invento já caiu em domínio público e pode ser livremente reproduzido.

Outro requisito é a necessidade de se demonstrar a existência de uma **atividade inventiva**, com o intuito de evitar a concessão de patentes a criações óbvias. Segundo Coelho (2013, p. 220): "É necessário que a invenção resulte de um verdadeiro engenho, de um ato de criação intelectual especialmente arguto". Leva-se em consideração, portanto, "o grau de relevância tecnológica da informação que se pretende patentear" (Barbosa, 2009, p. 123).

Assim, por exemplo, quando surgiram os telefones móveis, muitas pessoas quiseram patentear os apoiadores de celular, que eram simples planos inclinados para deixar os aparelhos ao alcance das mãos e dos olhos. Contudo, tais objetos eram óbvios demais para merecer uma proteção pelo prazo de 20 anos.

Por fim, há a necessidade de que o invento tenha **aplicação industrial**. Isto é, não é possível patentear algo que não possa ser fabricado. Evita-se, assim, promover a patente de construções teóricas ou sem aplicação prática. Sob esse prisma, um experiente gemologista pode explicar como a natureza conseguiu, com a ajuda de intenso calor e de altas pressões, produzir certas pedras preciosas. Porém, uma máquina que reproduza esse processo artificialmente somente pode ser patenteada se sua existência for possível, levando em conta a temperatura e a pressão que seriam necessárias para o seu funcionamento.

> **Questão para reflexão**
>
> Uma empresa brasileira requereu, no Brasil, a patente de um exaustor industrial que já existe na Turquia há cinco anos, mas nunca foi patenteado em qualquer país. Ele pode ser patenteado no Brasil? Os conceitos de *novidade* e *estado da técnica* serão importantes para guiá-lo nessa reflexão.

Até o presente momento, por questões didáticas, falamos apenas em patentes de invenção. Contudo, o direito brasileiro admite também as patentes de **modelos de utilidade**, que são uma inovação que não chega a ser uma novidade absoluta. Não se trata de uma quebra de paradigma do que existia antes. A Lei n. 9.279/1996, em seu art. 9°, define o modelo de utilidade da seguinte forma: "o objeto de uso prático, ou parte deste, suscetível de aplicação industrial, que apresente **nova forma ou disposição**, envolvendo ato inventivo, que resulte em **melhoria funcional** no seu uso ou em sua fabricação" (Brasil, 1996, grifo nosso).

Assim como ocorre com as invenções, o modelo de utilidade também precisa apresentar novidade, atividade inventiva e aplicação industrial. Entretanto, como dissemos, trata-se de uma novidade relativa. Ademais, o prazo de proteção para esses inventos é de apenas 15 anos. Como exemplo de modelo de utilidade, podemos citar um novo cabo anatômico para um barbeador descartável que tem a capacidade de aumentar a eficiência do corte na parte de baixo do queixo do usuário.

Por fim, é preciso comentar que nem todo esforço intelectual na área da tecnologia resulta em uma invenção, pois, para tal, é preciso apresentar uma solução prática para um problema também prático. Consequentemente, por exemplo, o sistema de patentes pode proteger um novo equipamento capaz de capturar ratos; entretanto, não pode proteger a equação de Albert Einstein, segundo a qual a energia equivale à massa vezes a velocidade da luz no vácuo ao quadrado ($E = mc^2$).

Afinal, ao propor essa equação, Einstein não concebeu um artefato ou processo capaz de desempenhar uma função útil. Sua mente apenas descobriu uma lei da física, isto é, algo que já existia na natureza.

> **Para saber mais**
>
> BRASIL. Lei n. 9.279, de 14 de maio de 1996. **Diário Oficial da União**, Poder Legislativo, Brasília, DF, 15 maio 1996. Disponível em: <http://www.planalto.gov.br/ccivil_03/leis/l9279.htm>. Acesso em: 26 fev. 2018.
>
> Para saber mais sobre os processos e as normas que regulam a propriedade industrial no Brasil, acesse a Lei n. 9.279/1996, disponível na internet, no *link* citado.

(5.5)
O *E-BUSINESS* E A SUA REGULAMENTAÇÃO PELO ESTADO

O intercâmbio eletrônico de dados para realização de negócios lucrativos não é fato recente. Ocorre há mais de três décadas, por meio de fax, telemarketing ou cartão de crédito. Contudo, ganhou muito mais volume com o advento e a popularização da internet. Graças a ela, agora os empreendedores podem se conectar com clientes que residem a milhares de quilômetros, bem como realizar transações antes inviáveis economicamente.

Os efeitos práticos disso são detectáveis pelas estatísticas. Por exemplo: em 2016, embora o Brasil estivesse enfrentando uma aguda crise econômica, com retração de seu Produto Interno Bruto (PIB), ainda assim o **comércio eletrônico** cresceu entre 6% e 11%, dependendo do critério de avaliação – um volume total que pode ter chegado a 50 bilhões de reais. Mas ao nos referirmos a **negócios eletrônicos**, os números são mais difíceis de se avaliar (Laier, 2017; Kohl, 2017; E-commerce, 2017).

Diz-se que o termo *e-business* foi criado pela IBM em 1996, quando a internet ainda não havia se popularizado (Costa, 2007, p. 57).

Embora a expressão em português *comércio eletrônico* seja muito utilizada, ela certamente não reflete algumas das transações mais populares dos dias atuais. É o caso do aplicativo Uber, para a contratação de serviço de motorista particular. Desse modo, o termo *negócio eletrônico* parece ser muito mais adequado, dada sua maior amplitude.

Ainda não há um conceito sedimentado sobre o que seja o comércio ou negócio eletrônico. Afinal, ele não se restringe à internet e, para muitos, também não se limita às relações entre fornecedores e consumidores. Em um sentido amplo, "dir-se-á que é a atividade comercial levada a cabo por meios eletrônicos (*doing business electronically*) através de qualquer rede de telecomunicações, aberta ou fechada" (Vicente, 2005, p. 201-202). Para Kalakota e Robinson (2002, p. 24): "o *e-business* não trata apenas de transações de comércio eletrônico ou de compras e vendas pela internet. É uma estratégia global de redefinição dos antigos modelos de negócios, com o auxílio de tecnologia, para maximizar o valor do cliente e os lucros".

Além do seu volume extraordinário, os negócios eletrônicos vêm revolucionando algumas atividades bem tradicionais, obrigando algumas empresas a se adaptar e colocando em risco a sobrevivência de outras. Um dos exemplos mais debatidos é justamente o do aplicativo Uber, que vem tirando o sono de taxistas por todo o mundo. Em um primeiro momento, esse serviço gerou, até mesmo, alguns incidentes violentos contra condutores de veículos pretos – os agressores alegavam que carros dessa cor eram dirigidos por motoristas do Uber. Em março de 2017, esse serviço de contratação de motoristas particulares contava com 13 milhões de usuários no Brasil e até junho de 2016 havia realizado 2 bilhões de viagens pelo mundo (Prochno, 2017).

Outro exemplo interessante que mostra a potencialidade de novos negócios é o sistema de locação de quartos e imóveis particulares para turismo. Um dos mais famosos é o Airbnb. Em julho de 2017, apenas na cidade de Paris, eram 65 mil imóveis disponíveis para a locação apenas com alguns cliques pela internet (Reuters, 2017). Embora a locação de imóveis por temporada seja um negócio antigo, o uso do meio eletrônico e o surgimento de plataformas confiáveis (tanto para o locador quanto para o turista) alavancaram de forma extraordinária o número de operações, além de impactar severamente a indústria hoteleira. Além disso, em alguns bairros da cidade, o número de imóveis destinados à locação residencial caiu em 20%, o que está causando uma crise habitacional (Reuters, 2017).

O negócio eletrônico também gera preocupações na área jurídica. Por um lado, é certo que as atividades de comercialização de produtos via internet nunca se processaram de modo totalmente alheio às normas que regem os contratos. Mesmo antes do surgimento de regras específicas, sempre foi possível aplicar leis relacionadas aos contratos em geral e ao direito do consumidor. Um bom exemplo disso é o art. 49 do Código de Defesa do Consumidor, Lei n. 8.078, de 11 de setembro de 1990, que, mesmo formulado na já distante década de 1990, vem resolvendo várias disputas ao preconizar que:

Art. 49. O consumidor pode desistir do contrato, no prazo de 7 dias a contar de sua assinatura ou do ato de recebimento do produto ou serviço, sempre que a contratação de fornecimento de produtos e serviços ocorrer fora do estabelecimento comercial, especialmente por telefone ou a domicílio.
Parágrafo único. Se o consumidor exercitar o direito de arrependimento previsto neste artigo, os valores eventualmente pagos, a qualquer título, durante o prazo de reflexão, serão devolvidos, de imediato, monetariamente atualizados. (Brasil, 1990)

Questão para reflexão

Uma pessoa comprou uma máquina fotográfica pela internet. Porém, três dias depois, ela se arrependeu. Com base no Código de Defesa do Consumidor brasileiro, ela pode desistir do negócio sem precisar pagar qualquer multa?

Entretanto, é inegável que o *e-business* tem desencadeado situações para as quais as leis antigas não se mostram eficientes. Assim, em diversos países, continua havendo um processo de adaptação normativa para disciplinar alguns aspectos, como: a prova da existência dos contratos eletrônicos; a proteção de dados pessoais do consumidor; a responsabilidade dos fornecedores por falhas no sistema; a disponibilidade de informações sobre o fornecedor; e os meios para entrar em contato com ele.

Por isso, a presidência da República publicou o Decreto n. 7.962, de 15 de março de 2013, que regulamenta o comércio eletrônico no Brasil. Essa norma conseguiu, efetivamente, preencher lacunas importantes e obrigar muitas empresas a abandonar certas práticas desleais. Do seu art. 4º, podemos destacar alguns pontos importantes, como a exigência de que o fornecedor do produto ou do serviço deve:

> Art. 4º. [...]
> I – [...] apresentar sumário do contrato antes da contratação [...];
> III – confirmar imediatamente o recebimento da aceitação da oferta;
> [...]
> V – manter serviço adequado e eficaz de atendimento em meio eletrônico, que possibilite ao consumidor a resolução de demandas referentes a informação, dúvida, reclamação, suspensão ou cancelamento do contrato;
> [...]
> VII – utilizar mecanismos de segurança eficazes para pagamento e para tratamento de dados do consumidor. (Brasil, 2013)

No que diz respeito aos negócios eletrônicos, um dos problemas mais sérios vem das discussões envolvendo a lei aplicável quando o consumidor e o fornecedor residem em diferentes países. O Código de Defesa do Consumidor brasileiro pode ser usado, pela justiça brasileira, para defender um consumidor residente em nosso país. Contudo, há dúvidas se o ajuizamento de uma ação no Brasil contra um fornecedor residente em outro país poderia ter alguma eficácia prática.

Síntese

Neste capítulo, tratamos da importância das inovações tecnológicas para os empreendedores. Comentamos como as invenções se tornaram bens imateriais, apropriáveis por seus criadores, e demonstramos como o sistema de patenteamento se espalhou pelo mundo e ganhou homogeneidade, desde o acordo TRIPs. Também, examinamos as normas básicas que regem a comercialização eletrônica de produtos e serviços, o *e-business*.

Conforme o que tratamos neste capítulo, é fácil perceber que as invenções não são bens que, naturalmente, pertençam aos seus criadores. Elas são protegidas porque algumas questões de ordem econômica impulsionaram os Estados a conceder esse tipo de privilégio aos inventores. Da mesma forma, a duração e a abrangência da proteção são frutos de uma política legislativa imposta pelas nações ditas *desenvolvidas*. A vinculação das normas de propriedade industrial à Organização Mundial do Comércio (OMC) é, atualmente, um entrave para que cada país desenvolva sua própria política normativa. Mas, indubitavelmente, esse sistema é um estímulo para o desenvolvimento tecnológico e, por isso, ajudou a formar o mercado de consumo tal como ele se apresenta hoje.

Questões para revisão

1. O Brasil é signatário da Convenção da União de Paris e do acordo TRIPs. Sobre esses acordos internacionais, avalie as afirmativas a seguir:
    i) O princípio do tratamento nacional é uma das bases da Convenção da União de Paris.
    ii) O acordo TRIPs está intimamente relacionado à Organização Mundial do Comércio.
    iii) O acordo TRIPs permite que algumas tecnologias não sejam passíveis de proteção por patente, de acordo com os critérios adotados por cada país.

A seguir, assinale a opção que apresenta a(s) afirmativa(s) correta(s):

a) II e III.
b) I e II.
c) Apenas a I.
d) Apenas a II.

2. O *e-business* vem se expandindo no Brasil, mesmo em tempos de crise. Sobre o *e-business*, é correto afirmar:
   i) Está relacionado apenas ao comércio eletrônico.
   ii) Surgiu com a internet.
   iii) Quando envolve consumidor e fornecedor residentes em países diferentes, a lei aplicável é aquela do país do fornecedor.

A seguir, assinale a opção que apresenta a afirmativa correta:

a) Todas as afirmativas são falsas.
b) Apenas a II.
c) Apenas a III.
d) Apenas a I.

3. O Brasil, quando ainda era colônia de Portugal, foi um dos primeiros países a conceder proteção aos inventores. Sobre o sistema de patentes, podemos afirmar:
   i) Abrange invenções dotadas de novidade, atividade inventiva e aplicação industrial.
   ii) Protege as descobertas científicas no campo da biologia e da física, entre outras áreas.
   iii) Protege os inventores pelo prazo de 20 anos.

A seguir, assinale a opção que apresenta a(s) afirmativa(s) correta(s):

a) I, II e III.
b) II e III.
c) I e III.
d) Apenas a I.

4. Durante a maior parte da história da humanidade, os inventores não gozaram de qualquer proteção especial, pois o sistema de patentes se difundiu apenas a partir do final do século XVIII. Aponte duas justificativas para o surgimento do sistema de patentes.

5. Entre 1971 e 1996, a lei brasileira não autorizava a concessão de patentes de medicamentos. Por que o governo brasileiro adotou tal estratégia?

Capítulo 6
Estado, desenvolvimento
econômico e meio ambiente

CONTEÚDOS DO CAPÍTULO:

- O meio ambiente e as instituições.
- Princípios do direito ambiental.
- Responsabilidade civil ambiental.
- Licenciamento ambiental.
- Auditoria ambiental.

APÓS O ESTUDO DESTE CAPÍTULO, VOCÊ SERÁ CAPAZ DE:

1. definir conceitos relacionados à preservação ambiental;
2. relacionar os princípios que regem o direito ambiental;
3. apresentar os elementos básicos da responsabilidade civil ambiental;
4. explicar alguns instrumentos de preservação ambiental relacionados à vida das empresas.

Como verificamos nos capítulos anteriores, as instituições têm grande influência na vida das diferentes sociedades; porém, são mutáveis.

Na esfera do meio ambiente, constatamos uma grande alteração na forma como a humanidade vem lidando com a preservação ambiental, nos últimos 40 anos. Graças à revolução da tecnologia da informação, o aumento da preocupação de todos com esse tema facilitou debates globais e acordos internacionais relevantes.

Esse assunto nos interessa por três razões básicas: primeiro, porque a proteção ao meio ambiente é uma instituição dos nossos tempos, um valor adotado pela nossa sociedade. Segundo, porque sua proteção, de acordo com a Constituição brasileira, é um dever do Estado, ou seja, tem relação com as atribuições que o Estado adotou em décadas recentes. Por fim, porque a sustentabilidade ambiental faz parte do dia a dia dos empreendedores modernos. Eles devem cumprir as leis ambientais, compreender os seus princípios e zelar pelo patrimônio ambiental, desta e das futuras gerações.

Portanto, neste capítulo, examinaremos como o Estado busca o difícil equilíbrio entre desenvolvimento econômico e preservação do meio ambiente. Debateremos os princípios que regem a matéria, o direito fundamental ao meio ambiente e uma série de aspectos específicos à rotina dos empreendedores.

Estudo de caso

Responsabilidade sem culpa

A empresa Z trabalha com a fabricação de produtos químicos. Ela tem grande preocupação em cumprir todas as normas de segurança e de preservação do meio ambiente. Infelizmente, um de seus empregados, querendo se vingar da empresa, abriu duas válvulas que isolavam os rejeitos tóxicos oriundos do processo de fabricação do ambiente. Consequentemente, 50 toneladas desses rejeitos foram despejadas dentro de um rio. Constatado esse dano, a Secretaria Estadual de Meio Ambiente impôs à empresa uma série de punições. A organização pode, eventualmente, conseguir provar que o dano ambiental não teria ocorrido sem a ação criminosa do empregado. Ela pode, até mesmo, processar o empregado. Contudo, isso em nada a exonera do ônus de reparar o dano ambiental e de pagar as multas respectivas. No campo do direito ambiental, a responsabilidade da empresa não depende da configuração da sua culpa. É o que chamamos de *responsabilidade objetiva*.

(6.1)
AS INSTITUIÇÕES DE REGULAÇÃO AMBIENTAL

Não é fácil chegar a um conceito do que seja o meio ambiente. A Lei n. 6.938, de 31 de agosto de 1981, em seu art. 3º, inciso I, traz uma definição de grande efeito prático. Segundo a lei, *meio ambiente* é: "o conjunto de condições, leis, influências e interações de ordem física, química e biológica, que permite, abriga e rege a vida em todas as suas formas" (Brasil, 1981).

De fato, em nosso planeta, o meio ambiente é formado por:

a) **Interações de ordem física**, tais como aquelas provocadas pela temperatura e pela pressão existentes em nossa atmosfera. As vibrações, o ruído de uma fábrica, a poeira e elementos em suspensão na água são outros exemplos.

b) **Interações de ordem química**, como a qualidade do ar atmosférico, a existência de água, bem como de componentes que nela ocorrem. Envolvem também composições químicas de produtos colocados no mercado de consumo ou lançados na atmosfera.

c) **Interações de ordem biológica**, como as estabelecidas entre fungos e bactérias, ou entre animais e plantas.

Todos esses elementos se somam para formar tanto o meio ambiente global quanto os inúmeros ecossistemas existentes no planeta. O Conselho Nacional do Meio Ambiente (Conama), em sua Resolução n. 001, de 23 de janeiro de 1986, define várias questões relacionadas ao meio ambiente, entre elas o conceito de *impacto ambiental* e as condições em que ocorre:

Art. 1º Para efeito desta Resolução, considera-se impacto ambiental qualquer alteração das propriedades físicas, químicas e biológicas do meio ambiente, causada por qualquer forma de matéria ou energia resultante das atividades humanas que, direta ou indiretamente, afetam:

I – a saúde, a segurança e o bem-estar da população;

II – as atividades sociais e econômicas;

III – a biota;

IV – as condições estéticas e sanitárias do meio ambiente;

V – a qualidade dos recursos ambientais. (Brasil, 1986)

Em um meio ambiente sadio, seja natural seja artificial, tais interações de ordem física, química e biológica são sustentáveis. Aliás, é importante mencionar que o conceito de meio ambiente não inclui apenas a natureza, o "verde". Luiz Fernando Coelho (2010, p. 19) nos lembra que:

a ampliação do conceito para efeito das leis de proteção ambiental tende a incluir a natureza original e artificial, compreendendo, portanto, o solo, a água, o ar, a flora, as belezas naturais, o patrimônio histórico, artístico, turístico, paisagístico e arqueológico, e o meio ambiente do trabalho. Daí uma classificação usual de quatro tipos de meio ambiente: natural, artificial, cultural e do trabalho.

Desse modo, quando nos referimos ao meio ambiente e nos preocupamos com sua qualidade, podemos tratar de espaços naturais, rurais e urbano-industriais etc. A questão, entretanto, vai além; para o ser humano, por exemplo, também há que ser considerado o patrimônio cultural, que também ajuda a formar um meio ambiente saudável e sustentável para a presente e para as futuras gerações. Tudo está relacionado ao mesmo conceito.

Durante milênios, o ser humano buscou adaptar o meio ambiente a seus próprios interesses. Em muitos casos, a natureza foi vista como inimiga, adversária. Na Europa, centenas ou milhares de quilômetros de canais foram construídos, desviando ou unindo rios, com vistas a criar uma ampla rede de vias fluviais. Grande parte do território da Holanda foi conquistada ao mar, por meio de aterros e diques. Várias espécies de animais foram caçadas até a extinção pelos seres humanos, para a garantia da nossa alimentação, por serem consideradas perigosas ou por simples esporte. Florestas foram derrubadas; pântanos repletos de vida foram aterrados; mangues, destruídos; tudo isso foi feito sem que houvesse qualquer preocupação com a natureza. Não se pensava em estudar os impactos ambientais da atividade humana e algumas espécies desapareceram antes mesmo de serem descritas ou estudadas. Havia a crença de que a natureza era inesgotável e que Deus nos havia dado a Terra para nosso deleite.

Os empreendedores também não se preocupavam muito com as consequências de suas atividades sobre o meio ambiente, mesmo quando elas atingiam a saúde e a qualidade de vida dos consumidores e das pessoas que viviam nas redondezas de suas fábricas. Por exemplo, desde o início do século XX, já se sabe dos riscos que o pó do amianto crisotila pode causar aos trabalhadores diretamente envolvidos com sua produção. Apesar disso, até que surgissem normas de proteção aos trabalhadores proibindo ou restringindo seu uso, muitas empresas não protegiam seus empregados. Em suma, além do dano ao meio ambiente natural, desprezava-se o meio ambiente do trabalhador, assim como o meio ambiente urbano, cultural etc.

Contudo, a partir da década de 1960, começou-se a perceber que os danos causados ao meio ambiente eram maiores que a capacidade que o planeta apresenta de se regenerar. Consequentemente, a humanidade estava rumando para sua própria destruição, levando consigo boa parte da vida terrestre. Isso chamou a atenção da Assembleia Geral das Nações Unidas, que convocou uma conferência na cidade de Estocolmo, em 1972.

A Conferência de Estocolmo representou um divisor de águas na evolução das questões ligadas ao meio ambiente. O tema, embora tenha um forte viés científico, passou a ser discutido também pelo seu contexto político e econômico (Guerra, 2010). Ademais, deixou de ser visto apenas por seu aspecto local, passando a ser encarado como um problema global. Embora a declaração final tenha tido uma natureza apenas recomendatória, essa conferência abriu caminho para outras medidas, como o Relatório Brundtland, publicado em 1987 (ONU, 1987), que apontou três grandes problemas ambientais: a poluição do meio ambiente; a redução descontrolada dos recursos naturais; os reflexos de natureza social. Esse relatório foi também importante para a difusão da ideia de *desenvolvimento sustentável*.

Vinte anos após a Conferência de Estocolmo, o Brasil sediou a Conferência das Nações Unidas Sobre o Meio Ambiente e o Desenvolvimento, também conhecida como Rio 92 (ONU, 1992). Esse evento foi ainda mais marcante que o anterior. Dele participaram 114 chefes de Estado e de governo, entre os 178 países envolvidos (Guerra, 2010). Em meio aos documentos produzidos nessa conferência, mencionamos a Agenda 21 e a Declaração do Rio (ONU, 1992).

Por fim, dentro do quadro dos grandes acordos internacionais, destacamos o Protocolo de Quioto. Conforme Sydney Guerra (2010, p. 85), "pela primeira vez na história, foram impostos limites às emissões de gases pelos Estados". Segundo o autor, o acordo ainda

> sinalizou para as empresas e governos a necessidade de produzir mudanças nos sistemas energéticos e fontes renováveis de energia, pois a solução do problema de mudanças climáticas requer uma alteração radical no sistema energético atual, baseado em energias não renováveis e contaminantes (petróleo, carvão e gás), que são utilizadas de forma excessiva e com desperdício. (Guerra, 2010, p. 85)

No campo interno, o Brasil, em 1981, editou a já mencionada Lei n. 6.938/1981, que criou o Sistema Nacional do Meio Ambiente (Sisnama), possibilitando uma integração na área ambiental entre União Federal, estados e municípios.

Naquele momento, o Brasil testemunhava o drama social e ambiental da cidade de Cubatão/SP, que abrigava um grande parque de indústrias químicas, petroquímicas e de fertilizantes, que seguia um modelo de crescimento econômico a qualquer custo. A cidade chegou a ser considerada a mais poluída do mundo, com o agravante de que a poluição ali gerada atravessava as fronteiras do município.

Poucos anos mais tarde, a Constituição Federal de 1988 (Brasil, 1988) mostrou grande preocupação com temas relacionados ao meio ambiente, como a função social da propriedade e o desenvolvimento sustentável de nossa sociedade. Com isso, as atividades empresariais e as obras de infraestrutura passaram a depender, em grande medida, da realização prévia de estudos de impacto ambiental e da concessão de licenças ambientais. Atualmente, mesmo pequenos empreendimentos, como a abertura de um *pet shop*, dependem do cumprimento de normas ambientais.

> **Questão para reflexão**
>
> Neste capítulo, debatemos a mudança da relação dos Estados e da sociedade com o meio ambiente nos últimos 50 anos. Acordos internacionais, regras constitucionais e sistemas normativos específicos surgiram em várias partes do mundo. Podemos falar que isso se deve a uma mudança de valores, em virtude do surgimento de uma nova visão institucional? Reflita sobre esse tema atual, traçando paralelos com os conceitos e com a evolução institucional analisada no Capítulo 1 desta obra.

A estrutura normativa existente no Brasil é bastante complexa e seria impossível analisá-la nos limites desta obra. Contudo, é possível desenvolver uma razoável compreensão do nosso sistema, bem como dos sistemas existentes em outros países, pela análise de alguns dos princípios que regem o direito ambiental. Examinemos, a seguir, os mais importantes.

6.1.1 Princípio do desenvolvimento sustentável

Pessoas de todos os povos sonham vivenciar um desenvolvimento econômico que lhes garanta segurança, conforto e uma velhice tranquila. Contudo, em uma sociedade que estimula o consumo irresponsável de bens, o crescimento econômico tem sido acompanhado por um grande desperdício de recursos naturais. Ademais, embora já tenhamos a tecnologia para produzir uma grande quantidade de energia limpa, combustíveis poluentes e não renováveis como o carvão e o petróleo ainda são usados para produzir energia.

Some-se a isso o crescimento da população humana. Éramos apenas cerca de 2 bilhões de seres humanos, por volta do ano 1900.

Cem anos depois, ultrapassamos os 7 bilhões. Embora as taxas de fertilidade tenham caído em vários países, o aumento da expectativa de vida tem colaborado para o aumento constante da população. Dessa maneira, é de se esperar que, sem racionalização, muitos recursos que hoje tiramos do subsolo se esgotarão, assim como a madeira e a água potável. Além disso, há o problema da emissão de gases que colaboram para o chamado *efeito estufa*, os quais seriam os responsáveis pelas mudanças climáticas identificadas nas últimas décadas.

A ideia do desenvolvimento sustentável, popularizada pelo Relatório Brundtland, implica considerar que devemos atender às necessidades das pessoas que vivem no planeta neste momento, mas sem comprometer a capacidade de as próximas gerações atenderem às suas próprias necessidades (ONU, 1987).

Segundo Giddens (2005, p. 486-487), isso significa que o desenvolvimento deve, "ao menos idealmente, ser conduzido de tal forma a permitir a reciclagem dos recursos físicos, ao invés do seu esgotamento, e a manutenção de níveis mínimos de poluição".

Sendo assim, a efetividade desse princípio depende da redução ou eliminação de fontes de energia, de modos de produção e de práticas de consumo não sustentáveis (Souza, 2014a). Contudo, para que haja progresso, certos danos são inevitáveis, como no caso da destruição de uma faixa de mangue para a construção de um porto. Em casos como esse, o projeto deve prever que a natureza seja compensada de alguma forma, obrigando o empreendedor a, por exemplo, recuperar um trecho de mata em outra região, como se fosse uma troca. Isso também é sustentabilidade.

Em um primeiro momento, os países ainda em desenvolvimento reagiram mal a essa proposta de desenvolvimento sustentável, pois ela implicaria abrir mão de recursos florestais abundantes, entre outros, sempre lembrando que, no passado, países europeus, como a Inglaterra, devastaram seus recursos naturais como meio de alcançar seu crescimento econômico. A questão também gerou controvérsias entre os países ricos, como os Estados Unidos, em que a pressão por energia barata e poluente é bem alta. O presidente Donald Trump, em poucos meses de governo, revogou um decreto do presidente anterior, Barack Obama, que obrigava os estados americanos a reduzir as emissões de carbono oriundas de suas usinas de energia (Trump..., 2017).

Ainda assim, nas últimas décadas, acompanhamos o surgimento de muitas iniciativas para a produção de energia limpa (como a solar e a eólica), além de produtos e serviços ecologicamente sustentáveis. São reflexos de novos valores que estão sendo adotados por importantes parcelas da sociedade humana.

Para saber mais

SOUZA, M. **Aula prática sobre sustentabilidade ambiental**. Disponível em: <https://www.youtube.com/watch?v=ETGN1CxEcMU>. Acesso em: 27 fev. 2018.

Quando vemos a poluição do Rio Tietê, no trecho em que ele atravessa a cidade de São Paulo, é difícil acreditar que seja possível garantir a qualidade ambiental de rios que atravessam grandes centros urbanos. Considerando essa possibilidade, que guarda forte relação com o princípio do desenvolvimento sustentável, assista ao vídeo que fizemos sobre uma experiência desenvolvida em Paris.

6.1.2 Princípio da reparação

As primeiras normas ambientais preocupavam-se em punir aqueles que causavam danos ao bem jurídico atingido. No século XVII, isso ocorria, por exemplo, com um fazendeiro que lançava o bagaço da cana-de-açúcar nos rios do Nordeste brasileiro – o bagaço lançado aos rios em grande quantidade causava assoreamento, o que resultava em enchentes e prejuízo à navegação (Souza, 2014b, p. 154).

Ocorre que o pagamento de multas, por vezes, é menos oneroso do que tomar as medidas ambientais preventivas. Além disso, em muitos casos, a aplicação de multa não é suficiente para que o Poder Público consiga promover a reparação do dano. Consequentemente, o dano acaba se tornando permanente ou a sociedade se vê obrigada a repará-lo por meio de tributos. Lembremos do acidente que aconteceu em 2015, na cidade de Mariana, em Minas Gerais, quando o rompimento de uma barragem lançou milhões de metros cúbicos de rejeitos de mineração para a corrente do Rio Doce.

Pelo **princípio da reparação**, estipula-se que o causador do dano, além de pagar eventuais multas, deve arcar com o ônus de reparar todo o dano ambiental, independentemente dos custos envolvidos. Infelizmente, muitos danos ambientais não podem ser completamente reparados, por mais que se disponham recursos econômicos para isso. Daí a importância dos princípios da prevenção e da precaução, que serão examinados a seguir.

6.1.3 Princípios da precaução e da prevenção

É pouco provável que se consigam reparar todos os danos ambientais gerados pelo acidente em Mariana. A perda sofrida pela natureza e pelas populações ribeirinhas certamente será sentida por anos. Como consequência disso, a sociedade acabou aprendendo que, quando se trata de proteção do meio ambiente, mais importante que exigir a reparação ou punir criminalmente os responsáveis é buscar todos os meios técnicos para impedir que tais danos ocorram.

Sabemos que a construção de um porto destinado ao carregamento de petróleo para exportação é um empreendimento que deve ser executado conforme os melhores padrões técnicos e, em sua fase de funcionamento, ser operado conforme as mais rígidas regras de segurança, porque um acidente pode causar danos ambientais monstruosos. Assim, o **princípio da prevenção** ajuda a afastar a incidência de danos ao meio ambiente nas hipóteses em que os resultados danosos já são suficientemente conhecidos pela ciência. Dentro da previsibilidade, é importante considerar se o empreendimento será afetado pela cheia dos rios próximos, por chuvas excepcionais ou por outros eventos dessa natureza. Como já dissemos, para o direito ambiental, prevenir o dano é muito mais importante do que efetuar a reparação ou punir o infrator.

Celso Fiorillo acrescenta, como medidas necessárias à efetivação do princípio da prevenção: "incentivos fiscais conferidos às atividades que atuem em parceria com o meio ambiente, bem como maiores benefícios às que utilizem tecnologias limpas" (Fiorillo, 2008, p. 50).

Quanto ao **princípio da precaução**, criado pela doutrina alemã, busca-se desenvolver mecanismos para a proteção contra riscos potenciais ainda desconhecidos. Afinal, há algumas décadas, passamos a colocar em nossos bens de consumo e em nossos alimentos inúmeras substâncias cuja interação entre si, com o nosso corpo e com a natureza podem causar consequências indesejáveis que ainda ignoramos. É o caso dos alimentos geneticamente modificados.

A falta de precaução já levou a grandes tragédias, como o mal da vaca louca (encefalopatia espongiforme bovina). Isso porque os criadores de gado inglês, para economizar dinheiro, resolveram misturar à ração do gado restos inúteis de vacas abatidas. O que sucedeu a isso não era de modo algum previsível, mas ao transformarem bovinos em canibais, os ingleses colocaram nas mesas das famílias uma doença totalmente desconhecida, que causou grande prejuízo aos pecuaristas e levou ao menos 230 pessoas à morte.

6.1.4 Princípio da informação

O **princípio da informação** tem grande aplicação nos procedimentos de licenciamento ambiental e está relacionado à ideia de *publicidade*. Conforme esse princípio, quando uma grande obra é realizada nas proximidades de uma cidade, os habitantes desta têm o direito de receber todas as informações possíveis sobre a natureza do empreendimento, bem como a respeito do impacto ambiental resultante da instalação e dos riscos da sua posterior operação.

Esse tema está materializado no princípio n. 10 da Declaração do Rio de Janeiro, publicada em 1992: "No nível nacional, cada indivíduo deve ter acesso adequado às informações relativas ao meio ambiente de que disponham as autoridades públicas, inclusive informações acerca de materiais e atividades perigosas em suas comunidades" (ONU, 1992).

Na esfera internacional, há alguns tratados que refletem esse princípio, como a Convenção sobre Pronta Notificação de Acidente Nuclear (Souza, 2014a). De acordo com esse tratado, se um país sofre um acidente nuclear, ele deve emitir boletins informativos regulares, comunicando à comunidade internacional o que está ocorrendo e qual é o nível do dano.

> **Questão para reflexão**
>
> A construção de uma barragem para armazenamento de água presume algumas consequências ambientais bem conhecidas, como destruição ou alteração de *habitats*, além da perda de animais por afogamento. Do ponto de vista do meio ambiente cultural, podem submergir áreas de valor arqueológico ou locais para reuniões com os integrantes da comunidade local (Sánchez, 2010). Sabendo-se disso, medidas podem ser tomadas para o salvamento de animais e a coleta de artefatos arqueológicos, antes da conclusão da obra. Porém, alguns danos, como a destruição das matas nativas, são inevitáveis. Diante disso, reflita: Como podemos amenizar esse problema, de acordo com o princípio do desenvolvimento sustentável?

(6.2)
O DIREITO FUNDAMENTAL AO MEIO AMBIENTE

Alguns empreendedores, para cortar custos e aumentar a margem de lucro, ainda empregam a estratégia de **externalizar os custos ambientais**. O que significa isso? Eles fazem contas e analisam o que sai mais barato: por exemplo, contratar uma empresa especializada para recolher e tratar os rejeitos liberados pela fábrica ou, durante a madrugada, abrir uma torneira e deixar que eles escorram para dentro de um rio?

Quando o empreendedor escolhe a segunda opção, ele economiza muito dinheiro e externaliza, para toda a sociedade, o ônus de pagar por aquilo que ele fez, isto é, transfere custos. Como o Estado não tem os meios nem os recursos financeiros para desencorajar ou impedir comportamentos iguais a esse, gera-se um meio ambiente degradado e insalubre.

Essa degradação, em geral, afeta as famílias das periferias das grandes cidades, especialmente aquelas obrigadas a morar em imóveis de menor valor relativo, muitas vezes próximos a córregos poluídos ou a aterros sanitários clandestinos. Áreas que, pelos sucessivos danos ambientais, estão sujeitas a inundações e à infestação de ratos e insetos. No Brasil, muitas dessas moradias são inadequadas, sem acesso à infraestrutura básica de esgoto e de coleta de lixo, embora sejam construídas sob o olhar omisso do poder estatal.

Essa sobreposição de aspectos negativos é o que caracteriza a *injustiça ambiental*, por meio da qual as populações mais vulneráveis são também aquelas que mais sofrem com o desrespeito às normas ambientais.

A Constituição Federal brasileira buscou combater esse problema ao reconhecer a existência de um direito fundamental a um meio ambiente ecologicamente equilibrado (Brasil, 1988). Esse direito está expresso no *caput* do art. 225 da Constituição, que assim determina: "Todos têm direito ao meio ambiente ecologicamente equilibrado, bem de uso comum do povo e essencial à sadia qualidade de vida, impondo-se ao Poder Público e à coletividade o dever de defendê-lo e preservá-lo para as presentes e futuras gerações" (Brasil, 1988). Podemos perceber que esse trecho traz um grande avanço no campo dos direitos e garantias fundamentais do cidadão. O sistema brasileiro não reconhece apenas o direito à vida; também oferece a oportunidade de exigirmos que o Estado proteja o nosso direito à "sadia qualidade de vida".

Os operadores do direito podem perceber que, nesse caso, a Constituição Federal abre uma brecha para legitimar inúmeras ações judiciais, com vistas a corrigir a omissão do Estado diante de empreendimentos realizados sem as melhores técnicas, além de outros casos mais graves. Assim, essa previsão constitucional não deve ser encarada como norma simplesmente simbólica.

No caso do meio ambiente urbano, o art. 225 deve estar na mente do gestor público, quando da realização de grandes obras de infraestrutura ou em meio às suas decisões relacionadas à gestão ambiental.

No campo normativo, precisamos ainda mencionar o Estatuto da Cidade, trazido pela Lei n. 10.257, de 10 de julho de 2001, a qual, entre as suas diretrizes gerais, aponta a necessidade de desenvolver as funções sociais da cidade (Brasil, 2001). A cidade não deve ser apenas um imenso dormitório, deve também oferecer lazer, transporte e trabalho. Assim, o gestor público, de acordo com o art. 2º, inciso IV, da Lei, deve cuidar "da distribuição espacial da população e das atividades econômicas do Município e do território sob sua área de influência, de modo a evitar e corrigir as distorções do crescimento urbano e seus efeitos negativos sobre o meio ambiente" (Brasil, 2001).

Obviamente, o país tem um longo caminho a trilhar, mas a Constituição Federal e as leis já oferecem uma razoável base de partida.

(6.3)
Responsabilidade civil das empresas

Comecemos por uma situação hipotética simples: Maria está dirigindo seu carro e para diante de um sinal vermelho. Alguns segundos depois, José, distraído com o telefone celular, colide seu veículo contra a traseira do veículo de Maria. Sabemos que, nesse caso, ele terá que indenizar o dano que ela sofreu, pois ela estava parada e a batida ocorreu pela conduta negligente de José. A culpa, portanto, é dele, e o culpado tem de pagar. Chamamos a isso, no direito, de *responsabilidade subjetiva*. É aquela em que precisamos verificar se o dano sofrido tem um nexo de causalidade (um vínculo lógico) com a conduta culposa do agente.

Com relação aos danos causados ao meio ambiente, por causa do enorme valor do bem jurídico que desejamos proteger, a estrutura da responsabilidade subjetiva – que demanda a caracterização da culpa – mostra-se socialmente ineficiente.

Novamente, para exemplificar, recorremos ao episódio do acidente ocorrido na barragem de rejeitos minerais do município de Mariana, em Minas Gerais. A empresa responsável pela catástrofe poderia, por muitos anos, alegar em juízo que não teve culpa pelo acidente. Poderia, também, sustentar que seu empreendimento usava as melhores técnicas do mercado, que sua atividade havia sido fiscalizada pelos órgãos competentes e que a tragédia foi causada por chuvas excepcionais, imprevisíveis e de consequências incontornáveis. Essa discussão judicial, por sua complexidade, poderia se arrastar por vários anos, exigindo inúmeras perícias, análises de laudos e tomada de testemunhas. Enquanto isso, as vítimas humanas e o ecossistema ficariam aguardando uma solução, para saber quem teria de custear os reparos e as indenizações. Assim, essa seria uma solução inaceitável.

Levando em conta situações como essa, que vêm ocorrendo desde o início da Revolução Industrial, os sistemas jurídicos começaram a acolher o instituto da **responsabilidade civil objetiva**. A sociedade reconheceu que o mais importante é socorrer logo as vítimas e o ecossistema; além disso, compreendeu que o empresário deve assumir os riscos inerentes à sua atividade. Se deseja explorar uma mina, então ele deve garantir a reparação dos danos causados pela simples existência daquela atividade, mesmo que ele não seja o culpado direto. Basta, portanto, que haja um **nexo de causalidade entre o dano e a atividade empresarial**.

Essa solução está expressa na Lei n. 6.938/1981, que em seu art. 14, parágrafo 1º, determina que "é o poluidor obrigado, independentemente da existência de culpa, a indenizar ou reparar os danos causados ao meio ambiente e a terceiros, afetados por sua atividade" (Brasil, 1981).

A reparação do dano, como regra, deve ser específica, também denominada *in natura*. Isso significa que, antes de mais nada, deve-se exigir o retorno da vida ao *status quo ante*, isto é, à situação existente antes do dano ambiental (Fiorillo, 2008). Somente se isso não for possível, pelo tipo de dano causado, é que se admitirá uma indenização em dinheiro, porque é muito difícil atribuir um valor pecuniário ao patrimônio natural. Ademais, certos danos reflexos podem ser sentidos apenas anos depois do pagamento da indenização. Assim, não se pode deixar que o responsável pelo dano se sinta liberado dos efeitos ambientais apenas porque pagou uma indenização.

A responsabilidade deve cobrir não apenas os danos materiais, mas também os danos morais sofridos pelas pessoas vitimadas. É importante considerar a angústia sofrida pelas vítimas, o sentimento de impotência e de injustiça que as acomete, a perda de valores culturais que lhes eram caros.

Por fim, o empreendedor deve saber que, ao adquirir uma empresa que já estava atuando no mercado, ele herda algo que chamamos *passivo ambiental*. Isso significa que, se no passado a empresa adquirida causou danos ao meio ambiente, a obrigação pela reparação transmite-se aos adquirentes. Na verdade, essa questão é ainda mais séria. Se, por exemplo, uma empresa A adquire um prédio abandonado, que pertencera à massa falida da empresa B, a empresa A é responsável pelos rejeitos tóxicos que os administradores da empresa B enterraram no terreno do prédio antes da falência. Os desdobramentos da responsabilidade objetiva atingem até mesmo situações desse tipo.

(6.4)
QUESTÕES PRÁTICAS DE INTERESSE DO EMPREENDEDOR

Nas seções anteriores, destacamos a importância da questão ambiental nos dias atuais. A redução da qualidade ambiental afeta toda a humanidade, pois os reflexos da poluição não costumam ficar restritos ao local onde ela se origina. Pedaços de plástico e outros materiais boiam e atravessam os oceanos, graças às correntes marítimas. Os gases emitidos pelas indústrias sobem para a atmosfera, onde não podem ser barrados pelas fronteiras que separam os diferentes Estados. A radiação emitida pelos dois grandes acidentes nucleares da humanidade – Chernobyl (1986) e Fukushima (2011) – causou danos ambientais irreparáveis, que se estenderam a outros países.

Em paralelo a isso, hoje sabemos que mesmo os pequenos empreendimentos devem ser fiscalizados. Embora uma oficina mecânica possa causar, relativamente, poucos danos ao meio ambiente, milhares de pequenas oficinas mecânicas causam um dano considerável e duradouro.

Com todas essas considerações, os empreendedores devem estar preparados para se submeter a certos procedimentos que podem ser exigidos para o início ou o prosseguimento de suas atividades. Ademais, uma boa gestão ambiental colabora para a eficiência das empresas e para sua imagem perante a sociedade, atraindo clientes e investidores.

Sob esse prisma, dedicaremos as seções a seguir ao estudo do licenciamento ambiental e da auditoria ambiental.

6.4.1 Licenciamento ambiental

Em nosso país, a legislação ambiental impõe, aos particulares e ao próprio Estado, a necessidade de obter autorização dos órgãos ambientais para a realização de empreendimentos que utilizem recursos ambientais, ou que tenham potencial para gerar degradação ambiental (conforme o art. 2º da Lei Complementar n. 140, de 8 de dezembro de 2011 – Brasil, 2011a). Essa autorização é a **licença ambiental**, que "tem caráter preventivo, pois seu emprego visa evitar a ocorrência de danos ambientais" (Sánchez, 2010, p. 80).

Para obter essa licença, o interessado deve se submeter a um *procedimento*, ou seja, a um conjunto encadeado de atos administrativos destinados à obtenção do direito pretendido. A Resolução n. 237, de 19 de dezembro de 1997 do Conselho Nacional do Meio Ambiente – Conama, em seu art. 1º, oferece um conceito detalhado do que é o procedimento de licenciamento ambiental:

> Art. 1º [...]
>
> I. *Licenciamento Ambiental: procedimento administrativo pelo qual o órgão ambiental competente licencia a localização, instalação, ampliação e a operação de empreendimentos e atividades utilizadoras de recursos ambientais, consideradas efetiva ou potencialmente poluidoras ou daquelas que, sob qualquer forma, possam causar degradação ambiental, considerando as disposições legais e regulamentares e as normas técnicas aplicáveis ao caso.* (Brasil, 1997)

De acordo com Sanchéz (2010, p. 81), "pode-se postular que as funções do licenciamento ambiental são: (i) disciplinar e regulamentar o acesso aos recursos ambientais e sua utilização; (ii) prevenir danos ambientais".

Com base no que abordamos até este momento, podemos perceber que nem todas as atividades e obras precisam se submeter a esse procedimento. Uma loja de roupas, por exemplo, estaria, a princípio, livre de enfrentar tal exigência.

Durante o procedimento de licenciamento, alguns atos são praticados pelos empreendedores, enquanto outros cabem à Administração Pública. Compreensivelmente, as despesas necessárias, inclusive as relativas à realização do estudo de impacto ambiental, são custeadas integralmente pela pessoa (física ou jurídica) interessada pelo projeto.

Dependendo do tipo de projeto, o interessado precisa de três licenças sucessivas, relacionadas a três momentos diferentes: a licença prévia, a licença de instalação e a licença de operação, definidas pelo art. 8º da Resolução Conama n. 237/1997, nos seguintes termos:

Art. 8º [...]

I– *Licença Prévia (LP) – concebida na fase preliminar do planejamento de empreendimento ou atividade aprovando sua localização e concepção, atestando a viabilidade ambiental e estabelecendo os requisitos básicos e condicionantes a serem atendidos nas próximas fases de sua implementação;*

II– *Licença de Instalação (LI) – autoriza a instalação do empreendimento ou atividade de acordo com especificações constantes dos planos, programas e projetos aprovados, incluindo as medidas de controle ambiental e demais condicionantes, da qual constituem motivo determinante;*

III– *Licença de Operação (LO) – autoriza a operação da atividade ou empreendimento, após a verificação do efetivo cumprimento do que consta das licenças anteriores, com as medidas de controle ambiental e condicionantes determinados para a operação.* (Brasil, 1997)

Essa ordem de licenças segue uma sequência lógica. Na licença prévia (LP), o empreendedor ainda não teve grandes despesas e precisa saber se seu projeto é viável do ponto de vista ambiental. A localização para a realização do empreendimento ainda pode ser alterada, e alternativas tecnológicas podem ser sugeridas e até exigidas pelo órgão responsável. Se a LP não for concedida, por justos motivos, o empreendedor não terá ainda sofrido um prejuízo muito grande. Em outras situações, se ele achar viável, poderá alterar o projeto para se adequar às exigências estatais.

Por sua vez, a licença de instalação (LI) refere-se a quando o empreendedor vai, por exemplo, construir as instalações da futura fábrica. Os danos ambientais, neste momento, são específicos: destruição da cobertura vegetal, terraplanagem, mudança no escoamento de águas pluviais, barulho e poeira resultantes das obras etc. Ademais, o empresário cuida do projeto da fábrica para que ela seja construída com os recursos técnicos adequados e compatíveis com as exigências feitas quando da licença prévia.

Por fim, concluída a construção do empreendimento, o seu funcionamento depende da licença de operação (LO), "condicionada à constatação de que o projeto foi instalado de pleno acordo com as condições estabelecidas na Licença de Instalação" (Sánchez, 2010, p. 83).

Em muitos casos, licenças ambientais também são exigidas para a ampliação de empreendimentos já existentes, assim como para o encerramento de certas atividades. São inúmeros os casos de empresas que vão à falência e deixam, em suas instalações abandonadas, substâncias nocivas ao meio ambiente.

Para a obtenção do licenciamento ambiental, é necessária a realização de um Estudo de Impacto Ambiental (EIA), que é o documento mais importante para a avaliação dos impactos que eventualmente serão provocados. O conteúdo desse texto varia bastante, dependendo da complexidade do empreendimento e das estratégias da equipe envolvida. Assim, o documento pode compreender o levantamento das características da área de influência, com dados sociais e econômicos, bem como descrições da geologia, da flora e da fauna locais. Para sua confecção, pode ser necessário realizar análises de laboratório e trabalhos de campo, além de identificar os possíveis impactos e as medidas mitigatórias a serem adotadas.

Segundo Edis Milaré, o EIA deve ser objetivo, prendendo-se a certas diretrizes gerais que incluem:

a. *Examinar as alternativas tecnológicas e de localização do projeto, examinando os custos ecológicos decorrentes, inclusive para avaliar se o empreendimento merece ser levado adiante;*
b. *Avaliar, de forma sistemática, os impactos advindos das fases de implantação e operação da atividade;*
c. *Definir a área de influência do projeto, que deverá ser impactada;*
d. *Considerar se o projeto é compatível com os planos e programas que o governo vem traçando para aquela área.* (Milaré, 2009, p. 401)

Ainda hoje nota-se uma onda de críticas de empresários contra a exigência do licenciamento ambiental. Ele inibe alguns projetos e gera custos. Entretanto, a prática mostra que ele é um instrumento essencial para a constituição de uma sociedade sustentável do ponto de vista ambiental.

6.4.2 Auditoria ambiental

Grandes acidentes ambientais, inclusive o que envolveu a usina nuclear de Fukushima, no Japão, em 2011, poderiam ter sido evitados ou minimizados com medidas preventivas simples. Para tanto, é importante que as organizações estejam atentas à dinâmica dos seus processos internos, à análise de suas fragilidades e ao treinamento constante de seus funcionários.

Infelizmente, muitas empresas, após obterem suas licenças ambientais de operação, descuidam da segurança de suas instalações e se mostram passivas ante a deterioração de seus meios de prevenção contra acidentes, além de negligenciarem o treinamento dos seus funcionários. Por isso, acidentes acabam ocorrendo, assim como falhas humanas com consequências trágicas, que acabam gerando punições de ordem administrativa, civil e até penal. Em alguns casos, podem até mesmo resultar na interrupção das atividades da organização.

Para tentar evitar esses problemas, muitas organizações recorrem às chamadas *auditorias ambientais*, que podem ser realizadas por equipes da própria organização ou por empresas contratadas.

A auditoria busca formular diagnósticos claros e objetivos sobre o estado atual de uma empresa em relação às suas fragilidades e fontes de poluição, "avaliando as possíveis ações de prevenção de riscos e controle de impactos ambientais, favorecendo, assim, o cumprimento das normas ambientais, além da melhoria de sua relação com o meio ambiente e com a comunidade" (Souza, 2014a, p. 222).

A realização periódica de auditorias pode oferecer várias vantagens, como prevenção de acidentes ambientais; planejamento de fundos de contingências; fortalecimento da imagem da empresa; parâmetros valiosos para projetos de fusões entre empresas; informações confiáveis sobre o desempenho ambiental (Souza, 2014a).

No campo das auditorias ambientais, existem ainda aquelas exigidas pelos órgãos ambientais, relativas a certas atividades que oferecem maiores riscos de acidentes, como as refinarias e os oleodutos.

Síntese

A proteção do meio ambiente tornou-se, em poucas décadas, uma das maiores preocupações dos Estados e das organizações internacionais. A maioria dos cientistas voltados ao estudo da temperatura global concorda que o clima da Terra está sendo alterado pelas ações humanas. Esse tema, que reflete profundas mudanças institucionais, não deve ser ignorado por ninguém. Assim, é importante conhecermos os princípios e os instrumentos voltados à proteção do meio ambiente, para que possamos oferecer alguma esperança às gerações futuras.

Diante disso, neste capítulo enfatizamos que o meio ambiente abrange as interações entre aspectos de ordem física, química e biológica, os quais regem a vida na Terra e em seus diferentes ecossistemas. Por isso, a proteção ao meio ambiente requer o cumprimento de certos princípios, como o do desenvolvimento sustentável, pois viver em um ambiente equilibrado é condição essencial para a sadia qualidade de vida. Além disso, verificamos por que é importante as organizações conhecerem e utilizarem os instrumentos adequados de gestão ambiental, para evitar que sejam responsabilizadas por danos ambientais causados por suas atividades.

Questões para revisão

1. O licenciamento ambiental é um importante instrumento para se alcançar o princípio do desenvolvimento sustentável. Sobre a licença e o licenciamento ambiental, leia atentamente as afirmativas que seguem:
    i) A licença prévia é aquela que se concede após a instalação do empreendimento.

ii) O licenciamento ambiental é um procedimento administrativo que disciplina e regulamenta o acesso aos recursos ambientais e a sua utilização.

iii) Todas as atividades empresariais dependem de licenças ambientais para funcionar.

A seguir, assinale a opção que apresenta a(s) afirmativa(s) correta(s):

a) Apenas a III.
b) Apenas a II.
c) I e II.
d) Apenas a I.

2. Sobre o Estudo de Impacto Ambiental (EIA), leia as afirmativas a seguir:

i) Deve ser realizado após a instalação do empreendimento, para aferir se este está de acordo com a licença ambiental.

ii) Verifica se o projeto é compatível com os planos e programas que o governo vem traçando para a área em que será aplicado.

iii) Analisa as alternativas tecnológicas e de localização do projeto, examinando os custos ecológicos decorrentes.

A seguir, assinale a opção que apresenta a(s) afirmativa(s) correta(s):

a) Apenas a III.
b) Apenas a II.
c) II e III.
d) Apenas a I.

3. Sobre o meio ambiente e a sua proteção, leia atentamente as três afirmativas que seguem:

i) O meio ambiente natural é o único protegido pela legislação ambiental.

ii) O Relatório Brundtland ajudou a popularizar a noção de desenvolvimento sustentável.

iii) O Protocolo de Quioto firmou limites às emissões de gases do efeito estufa, responsáveis pelo aquecimento global.

A seguir, assinale a alternativa que apresenta a(s) afirmativa(s) correta(s):

a) Apenas a III.
b) Apenas a II.
c) Apenas II e III.
d) Apenas a I.

4. Um dos princípios mais importantes do direito ambiental brasileiro é o princípio do desenvolvimento sustentável.
Com base no que discutimos neste capítulo, procure estabelecer, em cinco linhas, uma definição clara sobre o que significa o princípio do desenvolvimento sustentável.

5. Neste capítulo, compreendemos que, em se tratando de danos ao meio ambiente, vigora o sistema da responsabilidade civil objetiva. O que caracteriza esse sistema?

Para concluir...

Ao longo desta obra, tratamos de inúmeros temas, mas sempre com base no fio que conecta todos eles: estabelecer uma visão institucional da sociedade, da economia e do sistema jurídico.

Sobre as instituições, apreciamos o conceito de Hodgson (citado por Conceição, 2002, p. 125), para quem elas "são sistemas duradouros e sedimentados de regras sociais que estruturam as interações sociais". Percebemos como essa afirmação faz sentido quando observamos as relações existentes entre as várias fases históricas mencionadas nesta obra e os sistemas econômicos relativos a elas.

Assim, por exemplo, não temos como conceber o feudalismo no Ocidente do século XXI, mas não podemos negar sua coerência com a Europa Ocidental do século XII. Da mesma forma, podemos considerar estranho um líder político atual dizer que fala em nome de Deus, mas compreendemos que tal afirmação tenha sido eficiente na boca de um monarca do século XVI.

Debatemos como grandes governantes, como Pedro, o Grande, da Rússia, souberam lidar com as instituições e perceberam a hora de modificá-las, sentiram o momento de ruptura que levaria uma ordem institucional a ser substituída por outra e, assim, simplesmente seguiram o fluxo das mudanças.

Ainda, citamos algumas mudanças institucionais tranquilas, bem como outras sangrentas, e percebemos que a economia sempre acompanhou todos esses processos. Vimos também que os burgueses se aliaram aos reis para acabar com o sistema econômico feudal e fundar o capitalismo. Depois de 250 anos, aliaram-se ao povo para colocar os reis de lado e assumir o poder.

No entanto, as instituições não explicam tudo, obviamente. Elas não podem, por exemplo, prever o surgimento de alguém como Napoleão Bonaparte que, com carisma e inteligência, exportou para toda a Europa alguns dos novos valores da França, ou seja, os indivíduos também devem ser levados em conta, e pequenos fatos também podem desencadear grandes mudanças.

Também abordamos o Estado, por vezes visto como um monstro, a exemplo daquele descrito por Thomas Hobbes ou aquele outro, implantado por Josef Stalin. Em outras situações, ele é ausente, brando, mínimo. Para o empreendedor, fica a conclusão de que é preciso lidar com ele todos os dias, mas o Estado tem que ser compatível com a sociedade. E, neste momento, vivemos em sociedades que estão em constante mutação, pressionadas por uma globalização que afeta tudo, por um capitalismo triunfante que interfere na política dos Estados. Estamos bem no meio de alguma coisa – muito se fala sobre isso –, mas não sabemos ainda o que nos aguarda.

Por todo o exposto, esperamos que você tenha compreendido que esta obra não tem o propósito de trazer respostas prontas, trata-se de um livro de apoio, para que você possa refletir e analisar certos elementos sob outros ângulos; um livro repleto de interdisciplinaridade, que une conceitos jurídicos a outros econômicos, por vezes à luz da sociologia e da história.

Esperamos que a obra tenha cumprido com seus objetivos de aprendizado e que você tire o melhor proveito possível dos conteúdos abordados.

Referências

ABRAMSON, M.; GUREVITCH, A.; KOLESNITSKI, N. **História da Idade Média**: a Baixa Idade Média. Lisboa: Editorial Estampa, 1978. v. III.

ANDERSON, P. **Linhagens do Estado absolutista**. São Paulo: Brasiliense, 2004.

ARISTÓTELES. **A Política**. 2. ed. rev. São Paulo: Edipro, 2009.

BARBOSA, C. R. **Propriedade intelectual**: introdução à propriedade intelectual como informação. Rio de Janeiro: Elsevier, 2009.

BARBOSA, D. B. **Tratado da propriedade intelectual**. Rio de Janeiro: Lumen Juris, 2010.

_____. **Uma introdução à propriedade intelectual**. 2. ed. São Paulo: Lumen Juris, 2003.

BARTON, J. (Org.). **Propiedad intelectual y políticas de desarrollo**. Buenos Aires: Ciudad Argentina, 2005.

BASTOS, E. L. **História econômica geral e formação econômica do Brasil**. Rio de Janeiro: Luna, 1979.

BAUMAN, Z. **Modernidade líquida**. Rio de Janeiro: J. Zahar, 2014.

BECKER, H. S. **Falando da sociedade**: ensaios sobre as diferentes maneiras de representar o social. Rio de Janeiro: J. Zahar, 2009.

BELL, J. F. **História do pensamento econômico**. Rio de Janeiro: J. Zahar, 1976.

BOBBIO, N. **Liberalismo e democracia**. São Paulo: Brasiliense, 2013.

BÖHM-BAWERK, E. V. **Teoria positiva do capital**. Rio de Janeiro: Nova Cultural, 1986.

BOURDIEU, P. **Sobre o Estado**. São Paulo: Companhia das Letras, 2014.

BRASIL. Constituição (1988). **Diário Oficial da União**, Brasília, 5 out. 1988. Disponível em: <http://www.planalto.gov.br/ccivil_03/Constituicao/Constituicao.htm>. Acesso em: 23 fev. 2018.

_____. Decreto n. 7.962, de 15 de março de 2013. **Diário Oficial da União**, Poder Executivo, Brasília, DF, 15 mar. 2013. Disponível em: <http://www.planalto.gov.br/ccivil_03/_ato2011-2014/2013/decreto/d7962.htm>. Acesso em: 23 fev. 2018.

_____. Lei Complementar n. 123, de 14 de dezembro de 2006. **Diário Oficial da União**, Poder Legislativo, Brasília, DF, 15 dez. 2006a. Disponível em: <http://www.planalto.gov.br/CCivil_03/leis/LCP/Lcp123.htm>. Acesso em: 23 fev. 2018.

_____. Lei Complementar n. 140, de 8 de dezembro de 2011. **Diário Oficial da União**, Poder Legislativo, Brasília, DF, 9 dez. 2011a. Disponível em: <http://www.planalto.gov.br/ccivil_03/leis/LCP/Lcp140.htm>. Acesso em: 26 fev. 2018.

_____. Lei n. 6.404, de 15 de dezembro de 1976. **Diário Oficial da União**, Poder Executivo, Brasília, DF, 17 dez. 1976. Disponível em: <http://www.planalto.gov.br/ccivil_03/leis/l6404consol.htm>. Acesso em: 27 fev. 2018.

BRASIL. Lei n. 6.938, de 31 de agosto de 1981. **Diário Oficial da União**, Poder Executivo, Brasília, DF, 2 set. 1981. Disponível em: <http://www.planalto.gov.br/ccivil_03/leis/L6938.htm>. Acesso em: 26 fev. 2018.

_____. Lei n. 8.078, de 11 de setembro de 1990. **Diário Oficial da União**, Poder Legislativo, Brasília, DF, 12 set. 1990. Disponível em: <http://www.planalto.gov.br/ccivil_03/leis/l8078.htm>. Acesso em: 27 fev. 2018.

_____. Lei n. 9.279, de 14 de maio de 1996. **Diário Oficial da União**, Poder Executivo, Brasília, DF, 15 maio 1996. Disponível em: <http://www.planalto.gov.br/ccivil_03/leis/l9279.htm>. Acesso em: 27 fev. 2018.

_____. Lei n. 10.257, de 10 de julho de 2001. **Diário Oficial da União**, Poder Legislativo, Brasília, DF, 11 jul. 2001. Disponível em: <http://www.planalto.gov.br/ccivil_03/leis/LEIS_2001/L10257.htm>. Acesso em: 27 fev. 2018.

_____. Lei n. 10.406, de 10 de janeiro de 2002. **Diário Oficial da União**, Poder Legislativo, Brasília, DF, 11 jan. 2002. Disponível em: <http://www.planalto.gov.br/ccivil_03/leis/2002/L10406.htm>. Acesso em: 26 fev. 2018.

_____. Lei n. 11.340, de 7 de agosto de 2006. **Diário Oficial da União**, Poder Legislativo, Brasília, DF, 8 ago. 2006b. Disponível em: <http://www.planalto.gov.br/ccivil_03/_ato2004-2006/2006/lei/l11340.htm>. Acesso em: 23 fev. 2018.

_____. Lei n. 12.529, de 30 de novembro de 2011. **Diário Oficial da União**, Poder Legislativo, Brasília, DF, 1 nov. 2011b. Disponível em: <http://www.planalto.gov.br/ccivil_03/_ato2011-2014/2011/Lei/L12529.htm>. Acesso em: 26 fev. 2018.

BRASIL. Ministério da Indústria, Comércio Exterior e Serviços. INPI – Instituto Nacional de Propriedade Industrial. 27 set. 2017a. Disponível em: <http://www.inpi.gov.br/sobre/estrutura>. Acesso em: 26 fev. 2018.

_____. Ministério do Desenvolvimento, Indústria e Comércio Exterior. **INPI reduz prazo estimado para concessão de patentes.** 26 jan. 2012. Disponível em: <http://investimentos.mdic.gov.br/portalmdic//sitio/interna/noticia.php?area=1&noticia=11270>. Acesso em: 23 fev. 2018.

_____. Ministério do Meio Ambiente. CONAMA – Conselho Nacional do Meio Ambiente. Resolução n. 001, de 23 de janeiro de 1986. **Diário Oficial da União**, Brasília, DF, 17 fev. 1986. Disponível em: <http://www.mma.gov.br/port/conama/res/res86/res0186.html>. Acesso em: 27 fev. 2018.

_____. Resolução n. 237, de 19 dezembro de 1997. **Diário Oficial da União**, Brasília, DF, 22 dez. 1997. Disponível em: <http://www.mma.gov.br/port/conama/res/res97/res23797.html>. Acesso em: 27 fev. 2018.

BRÉMOND, J.; GÉLÉDAN, A. **Dictionnaire des théories et mécanismes économiques.** Paris: Hatier, 1984.

CABANELLAS DE LAS CUEVAS, G. **Derecho de las patentes de invención.** Buenos Aires: Heliasta, 2004.

CARNOY, M. **Estado e teoria política.** Campinas: Papirus, 2008.

CHAUI, M. **Convite à filosofia.** São Paulo: Ática, 2010.

CHEVALLIER, J.-J. **As grandes obras políticas**: de Maquiavel aos nossos dias. Rio de Janeiro: Agir, 1976.

CHINA. **Constituição** (1982). 4 dez. 1982. Disponível em: <http://bo.io.gov.mo/bo/i/1999/constituicao/index.asp>. Acesso em: 27 fev. 2018.

COASE, R. H. The nature of firm. **Economica**, New Series, v. 4, n. 16, 1937, p. 386-405. Disponível em: <https://www.colorado. edu/ibs/es/alston/econ4504/readings/The%20Nature%20 of%20the%20Firm%20by%20Coase.pdf>. Acesso em: 23 fev. 2018.

COELHO, F. U. **Curso de direito comercial**: direito de empresa. São Paulo: Saraiva, 2013. v. 2.

COELHO, L. F. Dogmática, zetética e crítica do direito ambiental: interpretação crítica do Direito Ambiental. In: GOMES, E. B.; BULZICO, B. (Org.). **Sustentabilidade, desenvolvimento e democracia**. Ijuí: Ed. Unijuí, 2010. p. 15-48.

CONCEIÇÃO, O. A. C. O conceito de instituição nas modernas abordagens institucionalistas. **Revista de Economia Contemporânea**, Rio de Janeiro, v. 6, n. 2, p. 119-146, jul./dez. 2002. Disponível em: <http://www.lume.ufrgs.br/bitstream/ handle/10183/23117/000369565.pdf>. Acesso em: 23 fev. 2018.

CONNAÎTRE le pays. **Belgium.be**. 2018. Disponível em: <https://www.belgium.be/fr/la_belgique/connaitre_le_pays>. Acesso em: 26 fev. 2018.

CONVENÇÃO de Paris para a proteção da propriedade industrial. Estocolmo, 14 jul. 1967. Disponível em: <http://www.planalto. gov.br/ccivil_03/decreto/1990-1994/anexo/and1263-94.pdf>. Acesso em: 26 fev. 2018.

COSTA, G. C. G. da. **Negócios eletrônicos**: uma abordagem estratégica e gerencial. Curitiba: Ibpex, 2007.

DAVIS, K. E.; TREBILCOCK, M. J. A relação entre direito e desenvolvimento: otimistas *versus* céticos. **Revista Direito GV**, São Paulo, v. 5, n. 1, p. 217-268, jan./jun. 2009. Disponível em: <http://bibliotecadigital.fgv.br/ojs/index.php/revdireitogv/ article/view/24381/23161>. Acesso em: 14 fev. 2018.

DEUTSCHE WELLE. **Novo governo toma posse e encerra crise de 541 dias na Bélgica**. 6 dez. 2011. Disponível em: <http://p.dw.com/p/13NbO>. Acesso em: 22 fev. 2018.

DI BLASI, G. **A propriedade industrial**. Rio de Janeiro: Forense, 2010.

DI BLASI, G.; GARCIA, M. A. S.; MENDES, P. P. M. **A propriedade industrial**: os sistemas de marcas, patentes e desenhos industriais analisados a partir da Lei n. 9.279, de 14 de maio de 1996. Rio de Janeiro: Forense, 1998.

DINIZ, M. H. **Lições de direito empresarial**. São Paulo: Saraiva, 2011.

DI PIETRO, M. S. Z. **Direito administrativo**. Rio de Janeiro: Forense, 2016.

E-COMMERCE fatura R$ 44,4 bilhões em 2016, alta de 7,4%. G1. 17 fev. 2017. Disponível em: <https://g1.globo.com/economia/negocios/noticia/e-commerce-fatura-r-444-bilhoes-em-2016-alta-de-74.ghtml>. Acesso em: 26 fev. 2018.

EGGERTSSON, T. Las reformas al Estado y la teoría de la política institucional. **DAAPGE – Documentos y Aportes en Administración Pública y Gestión Estatal**, Buenos Aires, n. 4, p. 41-60, 2003. Disponível em: <https://dialnet.unirioja.es/descarga/articulo/3991837.pdf>. Acesso em: 14 fev. 2018.

ERDBRINK, T. Flamengos defendem separação da Bélgica após ataques. O Globo, 23 abr. 2016. Disponível em: <https://oglobo.globo.com/mundo/flamengos-defendem-separacao-da-belgica-apos-ataques-19135391>. Acesso em: 23 fev. 2018.

FIORILLO, C. A. P. **Curso de direito ambiental brasileiro**. São Paulo: Saraiva, 2008.

FIUZA, R. A. M.; COSTA, M. A. M. F. **Aulas de teoria do Estado**. Belo Horizonte: Del Rey, 2010.

GALBRAITH, J. K. **A economia das fraudes inocentes**. São Paulo: Companhia das Letras, 2004.

GIDDENS, A. **Sociologia**. 4. ed. Porto Alegre: Artmed, 2005.

_____. _____. 6. ed. Porto Alegre: Penso, 2012.

GIDDENS, A.; SUTTON, P. W. **Conceitos essenciais da sociologia**. São Paulo: Ed. da Unesp, 2016.

GUERRA, S. Desenvolvimento sustentável nas três grandes conferências internacionais de ambiente da ONU: o grande desafio no plano internacional. In: GOMES, E. B.; BULZICO, B. (Org.). **Sustentabilidade, desenvolvimento e democracia**. Ijuí: Ed. Unijuí, 2010. p. 71-98.

GUITTON, H.; VITRY, D. **Économie politique**. Paris: Dalloz, 1981.

HAMPÂTÉ BÂ, A. **Amkoullel, o menino fula**. São Paulo: Palas Athena/Casas da África, 2003.

HARARI, Y. N. **Sapiens**: uma breve história da humanidade. Porto Alegre: L&PM, 2014.

HEYWOOD, A. **Ideologias políticas**. São Paulo: Ática, 2010. 2 v.

HUTTON, W.; GIDDENS, A. **No limite da racionalidade**: convivendo com o capitalismo global. Rio de Janeiro: Record, 2004.

IPEA – Instituto de Pesquisa Econômica Aplicada. Comunicados do IPEA, n. 147. **Download de músicas e filmes no Brasil**: um perfil dos piratas online. Brasília, 2012. Disponível em: <http://repositorio.ipea.gov.br/bitstream/11058/3446/1/Comunicados_n147_Download.pdf>. Acesso em: 14 fev. 2018.

IRÃ. **Constituição da República Islâmica do Irã**. 15 nov. 1979. Disponível em: <http://pt.brasilia.mfa.ir/index.aspx?fkeyid=&siteid=424&pageid=28469>. Acesso em: 23 fev. 2018.

KALAKOTA, R.; ROBINSON, M. **E-*business***: estratégias para alcançar o sucesso no mundo digital. Porto Alegre: Bookman, 2002.

KAUTSKY, J. **Karl Kautsky**: Marxism, Revolution, and Democracy. New Jersey: Transaction Publishers, 1994.

KOHL, L. Estatísticas do e-Commerce no Brasil em 2016. **Secnet**. 19 dez. 2017. Disponível em: <https://www.secnet.com.br/blog/e-commerce-no-brasil-2016>. Acesso em: 27 fev. 2018.

KRAMER, S. N. **L'histoire commence à Sumer**. Paris: Flammarion, 1994.

LAIER, P. A. Ebit prevê crescimento de 12% no faturamento do comércio eletrônico no Brasil em 2017. **Época Negócios**, 17 fev. 2017. Disponível em: <http://epocanegocios.globo.com/Tecnologia/noticia/2017/02/epoca-negocios-ebit-preve-crescimento-de-12-no-faturamento-do-comercio-eletronico-no-brasil-em-2017.html>. Acesso em: 27 fev. 2018.

MACHIAVEL, N. **Le prince et autres textes**. Paris: Gallimard, 1980.

MACKAAY, E.; ROUSSEAU, S. **Análise econômica do direito**. São Paulo: Atlas, 2015.

MADEIRA, J. M. P. **Administração pública**. Rio de Janeiro: Elsevier, 2010. Tomo II.

MAMEDE, G. **Manual de direito empresarial**. 5. ed. São Paulo: Atlas, 2010.

MARÉS, C. F. **A função social da terra**. Porto Alegre: Fabris, 2003.

MARX, K. **O capital**: crítica da economia política – Livro 1: O processo de produção do capital. São Paulo: Boitempo Editorial, 2013.

MARX, K.; ENGELS, F. **Manifesto comunista**. [S.l.]: Rocket Edition, 1999. Disponível em: <http://www.ebooksbrasil.org/adobeebook/manifestocomunista.pdf>. Acesso em: 22 fev. 2018.

MILARÉ, E. **Direito do ambiente**: a gestão ambiental em foco – doutrina, jurisprudência, glossário. São Paulo: Revista dos Tribunais, 2009.

MILES, R. **Ancient Worlds**: the Search for the Origins of Western Civilization. London: Penguin Books, 2011.

MILLER-GULLAND, R.; DEJEVSKY, N. **Cultural Atlas of Russia and the Soviet Union**. New York: Andromeda Oxford, 1991.

MIROW, K. R. **A ditadura dos cartéis**. Rio de Janeiro: Civilização Brasileira, 1979.

MORRIS, C. W. **Um ensaio sobre o Estado moderno**. São Paulo: Landy, 2005.

NATUME, R. Y.; CARVALHO, H. G. de; FRANCISCO, A. C. de. O uso de práticas de gestão de tecnologia e inovação em uma empresa de médio porte do estado do Paraná. **Revista de Economía Política de las Tecnologías de la Información y Comunicación**, v. 10, n. 1, p. 1-23, jan./abr. 2008. Disponível em: <https://seer.ufs.br/index.php/eptic/article/download/174/149>. Acesso em: 26 fev. 2018.

NICZ, A. A. A Constituição cidadã como instrumento de alcance da igualdade no Estado democrático de direito. In: NICZ, A. A.; KLEIN, A. A. **Princípios constitucionais**: efetividade e desenvolvimento. São Paulo: Iglu, 2013. p. 7-28.

NORTH, D. C. Economic Performance through Time. **The American Economic Review**, v. 84, n. 3, p. 359-368, June 1994. Disponível em: <https://campus.fsu.edu/bbcswebdav/users/jcalhoun/Courses/Growth_of_American_Economy/Chapter_Supplemental_Readings/Chapter_01/North-Economic_Performance_Through_Time.pdf>. Acesso em: 23 fev. 2018.

ONU – Organização das Nações Unidas. **Declaração do Rio sobre Meio Ambiente e Desenvolvimento**. 1992. Disponível em: <http://www.onu.org.br/rio20/img/2012/01/rio92.pdf>. Acesso em: 27 fev. 2018.

_____. **Report of the World Comission on Environment and Development**. Our Common Future. 1987. Disponível em: <https://ambiente.files.wordpress.com/2011/03/brundtland-report our-common-future.pdf>. Acesso em: 27 fev. 2018.

OPPENHEIMER, F. **El Estado**: su historia y evolución desde un punto de vista sociológico. Madrid: Unión Editorial, 2014. (Colección La Antorcha).

ORDENAÇÕES FILIPINAS. **Livro quinto**: Título 7, p. 1158. Disponível em: <http://www1.ci.uc.pt/ihti/proj/filipinas/ordenacoes.htm>. Acesso em: 22 fev. 2018a.

_____. **Livro quinto**: Título 38, p. 1188. Disponível em: <http://www1.ci.uc.pt/ihti/proj/filipinas/ordenacoes.htm>. Acesso em: 23 fev. 2018b.

O'SULLIVAN, J. Introduction: The democratic principle – the importance of its assertion, and application to our political system and literature. **The United States Magazine and Democratic Review**, v. 1, n. 1, 1838. Disponível em: <https://books.google.com.br/books?id=HGtJAAAAMAAJ&pg=PA6&dq=%22governs+least%22&redir_esc=y&hl=pt-BR#v=onepage&q=%22governs%20least%22&f=false>. Acesso em: 26 fev. 2018.

PÁDUA, L. Empresa eólica avança na emissão de debêntures de infraestrutura. **Exame**, 9 maio 2017. Disponível em: <https://exame.abril.com.br/blog/primeiro-lugar/empresa-eolica-avanca-na-emissao-de-debentures-de-infraestrutura/>. Acesso em: 27 fev. 2018.

PINHEIRO, A. C.; SADDI, J. **Direito, economia e mercados**. Rio de Janeiro: Elsevier, 2005.

PINSKY, J. **100 textos de história antiga**. São Paulo: Contexto, 1988.

PROCHNO, P. **Fatos e dados sobre a Uber**. 1 nov. 2017. Disponível em: <https://www.uber.com/pt-BR/newsroom/fatos-e-dados-sobre-uber>. Acesso em: 27 fev. 2018.

REUTERS. **Hoteliers welcome Paris decision forcing Airbnb hosts to register rentals**. 5 July 2017. Disponível em: <https://www.reuters.com/article/us-france-airbnb/hoteliers-welcome-paris-decision-forcing-airbnb-hosts-to-register-rentals-idUSKBN19Q1YW>. Acesso em: 27 fev. 2018.

RUSSELL, B. **História do pensamento ocidental**. Rio de Janeiro: Nova Fronteira, 2016. (Coleção Clássicos para Todos).

SALOMÃO FILHO, C. **O novo direito societário**. 4. ed. São Paulo: Malheiros, 2011.

SÁNCHEZ, L. E. **Avaliação de impacto ambiental:** conceitos e métodos. São Paulo: Oficina de Textos, 2010.

SANDRONI, P. (Org.). **Novíssimo dicionário de economia.** São Paulo: Best Seller, 1999.

SARTO, V. H. R.; ALMEIDA, L. T. de. A teoria dos custos de transação: uma análise a partir das críticas evolucionistas. **Revista Iniciativa Econômica**, São Paulo, v. 2, n. 1, 2015. Disponível em: <http://seer.fclar.unesp.br/iniciativa/article/download/7301/5563>. Acesso em: 23 fev. 2018.

SILVA, O. J. de P. e. **Vocabulário jurídico.** 3. ed. Rio de Janeiro: Forense, 1991.

SILVA, J. A. da. **Curso de direito constitucional positivo.** 34. ed. São Paulo: Malheiros, 2011.

_____. _____. 40. ed. São Paulo: Malheiros, 2017.

SILVEIRA, A.; CANOTILHO, M.; FROUFE, P. M. (Coord.). **Direito da União Europeia:** elementos de direito e políticas da União. Coimbra: Almedina, 2016.

SMITH, A. **An Inquiry into the Nature and Causes of the Wealth of Nations.** Tallahasse, Florida: Liberty Classes, 1981.

SOARES, L. T. R. **Ajuste neoliberal e desajuste social na América Latina.** Petrópolis: Vozes, 2011.

SOUTO, M. J. V. **Desestatização:** privatização, concessões, terceirizações e regulação. Rio de Janeiro: Lumen Juris, 2000.

SOUZA, M. da C. e. A conduta militar holandesa no Brasil. **A Defesa Nacional**, Rio de Janeiro, v. 97, p. 77-90, 1997.

_____. Licenciamentos ambientais. In: VENERAL, D. C. (Org.). **Responsabilidade civil e penal ambiental, aspectos processuais ambientais e licenciamentos ambientais.** Curitiba: InterSaberes, 2014a. p. 149-235. (Coleção Direito Processual Civil e Direito Ambiental).

SOUZA, M. da C. e. O absolutismo e o progresso da guerra. **Revista do Instituto de Geografia e História Militar do Brasil**, n. 88, ano 62, 2002.

____. **O acordo sobre aspectos dos direitos da propriedade intelectual relacionados ao comércio (TRIPs) e seus reflexos sobre o sistema de patentes de invenção no Brasil**. 139 f. Dissertação (Mestrado em Direito) – Pontifícia Universidade Católica do Paraná, Curitiba, 2014b. Disponível em: <http://www.biblioteca.pucpr.br/tede/tde_busca/arquivo.php?codArquivo=2690>. Acesso em: 27 fev. 2018.

STRECK, L. L.; MORAIS, J. L. B. de. **Ciência política e teoria geral do Estado**. Porto Alegre: Livraria do Advogado, 2001.

TACHINARDI, M. H. **A guerra das patentes**. Rio de Janeiro: Paz e Terra, 1993.

VENEZUELA. **Constitución de La República Bolivariana de Venezuela**. 30 dez. 1999. Disponível em: <http://www.mpptaa.gob.ve/publicaciones/leyes-y-reglamentos/constitucion-de-la-republica-bolivariana-de-venezuela>. Acesso em: 23 fev. 2018.

VICENTE, D. M. **Problemática internacional da sociedade da informação**. Coimbra: Almedina, 2005.

WEAVER, T. The Emergent Neoliberal Order in American Political Development. In: ANNUAL MEETING OF THE AMERICAN POLITICAL SCIENCE ASSOCIATION – APSA, 110., 2014, Washington, DC. **Annals**. Washington: Apsa, 2014. p. 1-39. Disponível em: <https://ssrn.com/abstract=2454961>. Acesso em: 27 fev. 2018.

WEBER, M. **A ética protestante e o "espírito" do capitalismo**. São Paulo: Companhia das Letras, 2011.

____. **Ciência e política**: duas vocações. São Paulo: Cultrix, 2004.

WILLIAMSON, O. E. **The Economic Institutions of Capitalism**: Firms, Markets, Relational Contracting. New York: The Free Press, 1985.

WINTER, L. A. C. Em defesa do parlamentarismo. **Gazeta do Povo**, 11 abr. 2015. Disponível em: <http://www.gazetadopovo.com.br/opiniao/artigos/em-defesa-do-parlamentarismo-d0sg0iy2isi uqavxdaqashm98>. Acesso em: 23 fev. 2018.

WIZIACK, J.; CARNEIRO, M. Limite para punição com multas para cartel divide Cade. **Folha de S.Paulo**, 16 jul. 2017. Mercado. Disponível em: <http://www1.folha.uol.com.br/mercado/2017/07/1901638-limite-para-punicao-com-multas-para-cartel-divide-cade.shtml>. Acesso em: 27 fev. 2018.

ZUCCHERINO, D. R.; MITELMAN, C. O. **Derecho de patentes**: aislamiento o armonización. Buenos Aires: AD-HOC S.R.L., 1994.

Respostas

Capítulo 1

Questões para revisão
1. c. Nem sempre as instituições importadas de outros países mais desenvolvidos redundam em desenvolvimento econômico, conforme argumentado por Douglass North.
2. b. Não havia livre iniciativa, pois as corporações de ofício controlavam quem podia e quem não podia exercer certas profissões dentro da cidade.
3. d. O capitalismo surgiu na Europa, com a ajuda da acumulação primitiva de capital oriunda do ouro e da prata extraídos das Américas pelos espanhóis.
4. Há várias maneiras para explicar como as instituições podem influenciar positivamente as transações entre as empresas. Por exemplo: boas instituições podem reduzir os custos de transação, aumentar a eficiência dos mercados, diminuir o número de demandas judiciais e estimular a reciprocidade nas relações entre empresários.

5. De acordo com o art. 173 da Constituição (Brasil, 1988), o Estado brasileiro deveria reduzir seu papel na economia, abandonando certas atividades que, longe de estarem voltadas ao interesse público, eram tipicamente empresariais. Deveriam restar, para o Estado, as funções de fiscalização, incentivo e planejamento.

Capítulo 2
Questões para revisão
1. d. O Estado é um povo (população) fixado em um território e organizado sob o poder de um império (soberano).
2. b. A afirmativa II está incorreta, pois o termo *absolutista* está relacionado ao tipo de monarquia que surgiu com o fim do feudalismo.
3. c. Hobbes deu legitimidade ao absolutismo.
4. Hobbes, Locke e Rousseau, cada um a seu modo, ajudaram a criar uma base filosófica para os Estados modernos em um momento no qual a razão ganhava espaço sobre a religião. Os três reconheciam um suposto contrato social que deveria reger a vida das sociedades em favor de um bem comum.
5. O Poder Legislativo modifica a ordem jurídica, pois tem a atribuição de editar as normas (leis) de caráter geral aplicáveis à população como um todo e aos próprios agentes do Estado.

Capítulo 3
Questões para revisão
1. b.
2. b. O liberalismo pleiteia a redução dos gastos públicos e não foi usado na União Soviética.

3. b. Países como Noruega e Suécia têm modelos econômicos capitalistas, com empresas privadas, empregados assalariados etc.
4. O Estado de bem-estar social exige grandes gastos públicos com educação, saúde e previdência social, o que demanda grande carga tributária. Por outro lado, quando bem implementado, reduz as tensões sociais, gerando uma situação de segurança social. O neoliberalismo, por outro lado, advoga que a saúde, a previdência e até mesmo uma parcela considerável da educação sejam entregues à iniciativa privada, por uma questão de eficiência e de redução da carga tributária. Os dois modelos são capitalistas, mas divergem quanto ao tamanho do Estado na vida da sociedade.
5. Basicamente segurança pública, defesa externa, administração da Justiça e garantia do cumprimento dos contratos.

Capítulo 4

Questões para revisão

1. c. O remisso pretende ser sócio, mas está inadimplente quanto ao dever de integralizar as quotas que pretende adquirir.
2. c. A opção "a" relaciona-se às sociedades anônimas; a opção "b", às sociedades anônimas abertas; quanto à opção "d", existe a possibilidade de haver administradores não sócios.
3. a. Todas as ações ordinárias conferem direito a voto nas assembleias. Todas as sociedades anônimas precisam ter conselho fiscal.
4. A CVM garante a segurança e a transparência do mercado, exigindo que as sociedades abertas publiquem certos relatórios da administração e demonstrações financeiras, além de pareceres de auditores independentes (Mamede, 2010). Desse modo,

em tese, o investidor pode dispor de um mínimo de informações no momento de efetuar a compra de debêntures ou de ações de uma companhia.
5. O Conselho Administrativo de Defesa Econômica (Cade) tem como função prevenir, investigar e reprimir infrações relativas à matéria concorrencial, com vistas a garantir a liberdade de iniciativa, a livre concorrência, a defesa dos consumidores e a repressão ao abuso do poder econômico.

Capítulo 5
Questões para revisão
1. b. O acordo TRIPs não oferece margem para que cada país escolha as tecnologias patenteáveis. Trata-se de um sistema rigoroso, que busca proteger quase todos os avanços tecnológicos.
2. a. O *e-business* já existia antes da internet, nas compras por fax ou cartão de crédito. Além disso, ele não se restringe às operações comerciais, pois inclui prestações de serviço. Por fim, a questão da territorialidade é um aspecto ainda controverso.
3. c. As descobertas não são protegidas pelas patentes. Descobrir é encontrar algo que já existia.
4. Estímulo para os inventores se dedicarem à criação de novas tecnologias; e oportunidade para que o inventor, durante alguns anos, possa recuperar os gastos com a pesquisa e retirar os lucros merecidos; outra justificativa ainda pode ser o estímulo para o surgimento de novos produtos.
5. Para estimular o surgimento de indústrias brasileiras na área farmacêutica, além do desenvolvimento de mão de obra especializada.

Capítulo 6

Questões para revisão

1. b. A licença prévia é concedida na fase preliminar do planejamento. Nem todas as atividades dependem de licença, apenas aquelas que usam recursos ambientais e que são consideradas efetiva ou potencialmente poluidoras ou que possam causar degradação ambiental, segundo o art. 8º da Resolução Conama n. 237/1997 (Brasil, 1997).
2. c. O estudo, necessariamente, deve ser realizado antes da instalação do empreendimento.
3. c. A legislação ambiental também se preocupa com o meio ambiente cultural, com o meio ambiente urbano, com o ambiente do trabalho etc.
4. Segundo o Relatório Brundtland, o princípio do desenvolvimento sustentável implica considerar que devemos atender às necessidades das pessoas que vivem no planeta neste momento, sem comprometer a capacidade de as próximas gerações atenderem às suas próprias necessidades (ONU, 1987). O desenvolvimento deve, "ao menos idealmente, ser conduzido de tal forma a permitir a reciclagem dos recursos físicos, ao invés do seu esgotamento, e a manutenção de níveis mínimos de poluição" (Giddens, 2005, p. 486-487).
5. Na responsabilidade civil objetiva, o empreendedor assume os riscos por sua atividade, mesmo que ele não tenha culpa pelos danos que seu empreendimento venha a causar. Para que se aplique a responsabilidade civil objetiva, basta, portanto, que haja um nexo de causalidade entre o dano e a atividade empresarial. Essa solução está expressa no art. 14, parágrafo 1º, da Lei n. 6.938/81 (Brasil, 1981).

Sobre o autor

Marcos da Cunha e Souza é doutorando em Direito pela Pontifícia Universidade Católica do Paraná (PUCPR), mestre em Direito (2014) também pela PUCPR, na linha de pesquisa Estado, atividade econômica e desenvolvimento sustentável, graduado em Direito pela Universidade do Estado do Rio de Janeiro (UERJ – 1992) e tem MBA em Direito da Economia e da Empresa pela Fundação Getúlio Vargas (FGV). Já lecionou em cursos da Universidade do Rio de Janeiro (Unirio), da Universidade Veiga de Almeida (UVA) e da Universidade do Sul de Santa Catarina (Unisul). Desde 2009, é professor em três cursos de graduação do Centro Universitário Internacional Uninter, além de ministrar aulas em diferentes cursos de pós-graduação, tanto presenciais quanto na modalidade EaD. É membro do Instituto de Geografia e História Militar do Brasil (IGHMB), do Comitê de Ética em Pesquisa do Centro Universitário Uninter e da Comissão de Direito Internacional da OAB/PR. Foi, durante 15 anos, assessor da Procuradoria Regional da República no Rio de Janeiro.

Os papéis utilizados neste livro, certificados por instituições ambientais competentes, são recicláveis, provenientes de fontes renováveis e, portanto, um meio responsável e natural de informação e conhecimento.

FSC
www.fsc.org
MISTO
Papel produzido a partir de fontes responsáveis
FSC® C074432

Impressão: Maxi Gráfica
Março / 2019